LIBERDADE EM CRISTO

NEIL T. ANDERSON & STEVE GOSS

Manual do Participante
Curso de Discipulado

UM CURSO DE DISCIPULADO DE 13 SEMANAS PARA TODOS OS CRISTÃOS

Liberdade em Cristo - Manual do Participante
© 2022 Liberdade em Cristo Internacional.

4 Beacon Tree Plaza, RG2 9RT Reading Berks, United Kingdom
www.liberdadeemcristo.org / www.libertadencristo.org /
www.freedominchrist.org

Originalmente publicado en inglés con el título:
Freedom in Christ - Participants Guide © 2004, 2011 Copyright © Neil T.
Anderson y Steve Goss.

ISBN: 978-1-913082-61-1
Tradução e Revisão - Rômulo Titton Dezen - Martha Jalkauskas

Citações da Bíblia Sagrada extraídas da Tradução Nova Versão
Internacional. Copyright © 1993 Sociedade Bíblica do Brasil.

Sumário

Comentários de pessoas que já usaram o material

"Eu tenho uma mente clara agora, glória ao Senhor Jesus – ela não estava clara assim há anos."

"Saber quem eu sou em Cristo e aceitar a verdade de Deus, enquanto rejeito as mentiras do Diabo, transformou a minha vida."

"Esse material tem me ajudado a crescer e a amadurecer como um crente, como nunca antes."

"Minha vida tem sido transformada. Foi realmente como sair das trevas, e voltar para a luz."

"Eu estava separado da verdade, do amor de Deus e da libertação de Jesus, por uma grande parede de dor, feridas e mentiras. Contudo, a parede caiu."

"Esse curso se tornou um ponto crucial na minha vida cristã... agora sinto que tenho a vida abundante da qual Cristo falou e a qual eu sempre quis receber"

Por que fazer este curso?

O curso Liberdade em Cristo é para todos os cristãos: para aqueles que têm sido cristãos há muito, mas também para aqueles que só há pouco tempo tomaram esta decisão; para aqueles que estão progredindo na fé, bem como para aqueles que se sentem parados. Foi preparado para ajudá-lo em:

- **Alcançar um maior nível de maturidade espiritual;**
- **Expor as áreas de engano que o estão impedindo de crescer;**
- **Resolver os conflitos pessoais e espirituais;**
- **Aprender estratégias para renovar a sua mente e livrá-lo dos pensamentos negativos e padrões inúteis de comportamento;**

Este curso não foca em como nos comportamos, mas sim naquilo em que cremos. Acima de tudo, Cristo já nos libertou (Gálatas 5.1) e nos deu tudo o que precisamos (2 Pedro 1.3). Mas às vezes sentimos que não é assim!

Muitos sentem que ainda não alcançaram todo o seu potencial para Deus. Talvez sintam que ainda estão presos por hábitos pecaminosos, pensamentos negativos, medos, falta de perdão ou sentem condenação. Mesmo assim, eles querem crescer e se tornarem maduros. Este curso vai ajudá-lo a compreender a verdade espantosa da sua nova identidade em Cristo, ensiná-lo a expor e a resistir aos enganos do inimigo, e vai ajudá-lo a seguir em frente. Este curso não significa "uma cura instantânea", todavia, ele poderá revolucionar a sua vida cristã.

Como aproveitar ao máximo este Curso?

Empenhe-se em participar de cada sessão;

Leia "Vitória sobre a escuridão" (Editora Bom Pastor) e "Quebrando correntes" (Editora Vida), livros escritos por Neil Anderson para reforçar os ensinos deste curso;

Use as sugestões para o "Seu tempo a sós", no final de cada sessão;

Certifique-se de fazer "Os passos para a Liberdade Em Cristo", um processo calmo e gentil, no qual você pede ao Espírito Santo para mostrar áreas de sua vida onde precisa se arrepender; a maioria das igrejas coloca estes passos entre a Sessão 9 e a 10 e para muitos é uma experiência transformadora.
Contate-nos para ter acesso ao Manual dos Passos.

O curso inclui estratégias para ficar firme na liberdade adquirida e para renovar a sua mente de uma maneira contínua, tornando-as parte da sua vida diária.

CURSO LIBERDADE EM CRISTO em 10 semanas

Com esta versão de 13 sessões de Liberdade em Cristo

O curso LIBERDADE EM CRISTO está disponível em inglês e espanhol numa versão em 10 semanas. É possível ajustar este material de 13 semanas em português para utilizá-lo em 10 semanas conforme o esquema abaixo.

Parte	Semana	Tema
		00 Sessão Introdutória Facultativa Por que acreditar na Bíblia
A. VERDADES FUNDAMENTAIS	semana 1	**01 – Quem sou eu?** Sessões 1 e 2 (De onde eu vim? Quem sou eu agora? (Manual do participante do curso de 13 semanas)
	semana 2	**02 – Escolher crer na verdade** Sessão 3 (manual do participante do curso de 13 semanas)
B. O MUNDO, A CARNE E O DIABO	semana 3	**03 - Como o mundo vê a verdade** Sessão 4 (manual do participante do curso de 13 semanas)
	semana 4	**04 – Nossas escolhas diárias** Sessão 5 (manual do participante do curso de 13 semanas)
	semana 5	**05 – A batalha pelas nossas mentes** Sessão 7 (manual do participante do curso de 13 semanas)
C. QUEBRAR AS ALGEMAS DO PASSADO	semana 6	**06 – Lidar corretamente com as emoções** Sessão 8 (manual do participante do curso de 13 semanas)
	Semana 7	**07 – Perdoar de coração** Sessão 9 (manual do participante do curso de 13 semanas)
	Resposta em oração	**OS PASSOS PARA A LIBERDADE EM CRISTO**
	semana 8	**08 – Renovando a mente** Sessões 6 e 10 (manual do participante do curso 13 semanas)
D. CRESCER COMO DISCÍPULOS	semana 9	**09 – Relacionar-se com outros** Sessão 11 (manual do participante do curso de 13 semanas)
	semana 10	**10 – Para onde está caminhando?** Sessões 12 e 13 (Manual do participante do curso de 13 semanas)

SESSÃO 0: Introdução

INTRODUÇÃO

Esta sessão é uma Introdução facultativa do Curso Liberdade em Cristo.

BOAS-VINDAS

Qual é o melhor livro que você já leu (além da Bíblia)?

ADORAÇÃO

Colocar Deus bem no centro do curso e abrir os nossos corações para Ele. Jeremias 29.11-13, Salmo 33:4-7; Hebreus 4:12; Filipenses 1:6

PALAVRA

Versículo-chave: "Pois a palavra de Deus é viva e eficaz, e mais afiada que qualquer espada de dois gumes; ela penetra ao ponto de dividir alma e espírito, juntas e medulas, e julga os pensamentos e intenções do coração." Hebreus 4.12

Verdade Central: Quando se trata de livros, a Bíblia está em um patamar superior e há razões para crermos que é a mensagem de Deus para as pessoas que Ele criou.

O que significa Liberdade em Cristo?

Jesus disse aos seus seguidores para irem a todo o mundo e "fazerem discípulos" (veja Marcos 16.15; Mateus 28.19).

Um discípulo não é o mesmo que um "convertido" ou alguém que é um "crente". É alguém que está continuamente aprendendo.

Não tem a ver com conhecimento intelectual. Trata-se de conhecer uma pessoa verdadeira – Jesus - mais e mais e ver o resultado disso em nossa vida.

PAUSA PARA PENSAR 1

Qual foi o melhor conselho que você já recebeu?
Se precisasse de um conselho muito importante e pedisse a várias pessoas e elas dessem opiniões diversas, como é que decidiria em qual confiar?
Pense alguns instantes em alguém que tenha dado um conselho errado? O que aconteceu?

Por que devemos confiar na Bíblia?

A Bíblia é o livro mais influente que já foi escrito:
- Foi o primeiro livro impresso
- Já foi traduzido em mais de 2500 línguas
- Contêm mais que 750.000 palavras
- Demora cerca de 70 horas para ler a Bíblia inteira em voz alta

Apesar de ter sido escrita por mais de 40 pessoas diferentes (de reis a pescadores) que viveram ao longo de um período de 1500 anos em três continentes, a grande alegação da Bíblia é que no seu conjunto ela é a mensagem do próprio Deus para as pessoas que Ele criou. Para citar a própria Bíblia, "toda a Escritura é inspirada por Deus" (2 Timóteo 3.16). Por que é que devemos confiar nela?

1. A história confirma a Bíblia

Até a data de hoje, os descobrimentos da arqueologia têm confirmado a exatidão histórica da Bíblia.

Se a Bíblia está certa nos seus elementos históricos, é uma forte razão para levar a sério as coisas que ela relata, mesmo parecendo fora do normal ou impossível.

Nota: há muitos livros que você pode ler para confirmar essas informações, bem como outros pontos tratados nesta sessão. O seu líder de grupo poderá recomendar alguns.

2. O que a Bíblia diz que iria acontecer, aconteceu

A Bíblia está cheia de predições quanto ao futuro (profecias) que se cumpriram, muitas das quais pareciam impossíveis de acontecer.

Muitos detalhes da vida e morte de Jesus Cristo foram escritos com precisão centenas de anos antes de seu nascimento.

Veja as profecias seguintes do Antigo Testamento: Miqueias 5:2; Isaías 7:14; Jeremias 31:15; Salmo 41:9; Zacarias 11:12,13; Salmo 22:18; Zacarias 12:10; Êxodo 12.46; Salmo 34:21.

Segundo o seu conhecimento da história de Jesus, como é que estas profecias se cumpriram?

3. A afirmação bíblica de que Jesus ressuscitou dos mortos é crível

É uma afirmação espantosa, mas as evidências apontam para isso. Os que lá estavam acreditaram nessa afirmação, e muitos deles morreram por ela.

4. A Igreja nunca parou de crescer

A Igreja levou até o ano 1900 para alcançar 2,5% da população mundial. Depois, em apenas 70 anos, dobrou até atingir os 5 %. Nos 30 anos seguintes – entre 1970 e 2000 - duplicou outra vez até alcançar 11,2%.

O declínio da Igreja do Ocidente é uma anomalia histórica que é compensada pelo crescimento em outras partes do globo.

TESTEMUNHA

Se alguém disser que a Bíblia é apenas uma "coleção de mitos e lendas" o que você diria?

NA PRÓXIMA SEMANA

Se você nunca teve o hábito de ler a Bíblia regularmente, por que não começa a ler um pouco a cada dia? Pode começar com um dos evangelhos, Mateus, Marcos, Lucas ou João. Enquanto lê, lembre-se das verdades que vemos e que o Criador do Universo quer falar com você hoje pela Sua Palavra, a Bíblia. Isso é incrível!

SESSÃO 1: De onde venho?

PARTE A - VERDADES FUNDAMENTAIS

Jesus disse que conheceríamos a verdade e a verdade nos libertaria! Nas primeiras 3 sessões nós iremos olhar para algumas verdades fundamentais que precisamos saber para entender o que significa ser cristão.

BOAS-VINDAS

Faça grupos de dois e descubra o máximo que puder sobre a outra pessoa. Depois, em 30 segundos, responda "Quem ele/ela é?"

ADORAÇÃO

Os planos de Deus e as Suas promessas. (Salmo 33:10-.11, Jó 42.2, Provérbios 19.21)

PALAVRA

Versículo-chave: "Quem tem o Filho, tem a vida; quem não tem o Filho de Deus, não tem a vida." 1 João 5.12

Verdade Central: Antes de nos tornarmos cristãos fomos dirigidos pela necessidade de sermos aceitos, seguros e com significado. Agora, em Cristo, nós somos filhos de Deus espiritualmente vivos, que são aceitos, seguros e com significado.

Quem você realmente é?

O que me torna quem eu sou na realidade? O meu corpo? O que eu tenho? O que eu faço? O que eu penso?

Você é criado à imagem de Deus (Gênesis 1.26)

Deus é Espírito e nós temos uma natureza espiritual, um ser interior (ou espírito/alma). Não é o nosso exterior que é criado à imagem de Deus, mas sim a pessoa que nós somos no interior com capacidade para pensar, sentir e escolher.

Como fomos destinados a ser

Vivos fisicamente

O nosso espírito ligado ao nosso corpo.

Vivos espiritualmente

O nosso espírito ligado a Deus

Estar vivo espiritualmente e viver em harmonia com Deus significava para Adão e Eva terem um número relevante de qualidades de vida tais como:

1. Significado

2. Segurança

3. Aceitação

É assim que Deus o criou para ser: tendo um propósito real; segurança absoluta; e um sentido de pertencer a Deus e às outras pessoas.

PAUSA PARA PENSAR 1

Caso se sinta à vontade, pode dizer por que veio ao Curso e o que espera receber dele?
Imagine como era a vida de Adão e Eva. Como seria diferente do seu cotidiano?
O que pensariam eles ao adormecer em cada noite?

As consequências da queda:

Morte espiritual

Os efeitos do pecado de Adão e Eva podem ser resumidos em uma : "morte". Alguns dos efeitos da morte espiritual para eles (e consequentemente, para nós) foram:

1. Perderam o conhecimento de Deus

"Eles estão obscurecidos no entendimento e separados da vida de Deus por causa da ignorância em que estão, devido ao endurecimento dos seus corações." Efésios 4:18

2. Emoções negativas

- Sentiram medo e ansiedade
- Sentiram culpa e vergonha
- Sentiram-se rejeitados
- Sentiram-se fracos e impotentes
- Sentiram-se deprimidos e com raiva

Tentando voltar a ser o que fomos chamados a ser

O melhor que o mundo nos oferece não funciona.

O mundo nos oferece algumas falsas equações a fim de recuperarmos o que Adão e Eva perderam:

desempenho + metas atingidas = significado

estatuto + reconhecimento = segurança

aparência + admiração = aceitação

"Vaidade das vaidades! Tudo é vaidade." Eclesiastes 1:2

Obedecer às regras não funciona.

Deus deu a Lei ao Seu povo, mas a Lei era impotente para restaurar a vida que Adão e Eva tinham perdido. Foi Sua intenção que tomássemos consciência do completo desespero da nossa situação e nos apontasse para Cristo, o sacrifício final para o pecado.

PAUSA PARA PENSAR 2

Quais as consequências do pecado de Adão e Eva para nós?
Identifique-as com algumas destas emoções: medo, impotência e rejeição.
Com qual você se identifica mais e por quê?
Olhe para aquelas equações falsas. Como é que as pessoas procuram lidar
com as suas necessidades de se sentirem significantes, seguras e aceitas?
Tente dar exemplos concretos que tenha observado em você e nos outros.

O que Jesus veio fazer?

Devolver-nos a vida espiritual

A única resposta para nossa situação é restaurar o nosso relacionamento com
Deus e ligar novamente o nosso espírito ao Espírito de Deus a fim de nos
tornarmos espiritualmente vivos.

"Eu vim para que tenham vida e a tenham plenamente." João 10.10
(Nossa ênfase)

"Ele estava com Deus no princípio... Nele estava a vida, e esta era a luz dos
homens." João 1:1-4 (Nossa ênfase)

"Eu sou a ressurreição e a vida. Aquele que crê em mim, ainda que morra, viverá."
João 11.25 (Nossa ênfase)

Aquilo que Adão perdeu foi **vida.** Aquilo que Jesus veio trazer-nos foi **vida.**

Restaurar significado, segurança e aceitação

Você pensa que a vida eterna é algo que vai receber quando morrer? É muito mais do que isso – é uma qualidade de vida totalmente diferente para se receber... **AGORA**.

"Quem tem o Filho, tem a vida; quem não tem o Filho de Deus, não tem a vida." 1 João 5.12

As nossas necessidades de estabelecer uma identidade, de sermos aceitos, seguros e significantes podem ser totalmente satisfeitas em Cristo.

PAUSA PARA PENSAR 3

Das afirmações que lemos, houve alguma que você se surpreendeu. Por quê? E qual o encorajou mais. Por quê?

Se Deus diz algo acerca de você, e se não sente que é verdade, como pode responder a isso?

TESTEMUNHA

De uma forma geral, como as pessoas procuram lidar com a forte necessidade de se sentirem aceitas, significantes na vida e seguras? Como você pode explicar a um vizinho descrente que todas estas coisas se encontram apenas em Jesus?

NA PRÓXIMA SEMANA

Leia diariamente e em voz alta a lista "Significado, Segurança e Aceitação dos Restaurados em Cristo". Escolha uma verdade que seja particularmente relevante para você e passe algum tempo lendo o seu contexto e peça ao Senhor para compreender mais plenamente essa verdade.

Significado, segurança e aceitação dos restaurados em Cristo

Eu tenho significado

Não sou mais sem valor, inadequado ou sem esperança. Em Cristo eu tenho um profundo significado e sou especial. Deus diz que:

Mateus 5:13,14	Eu sou o sal da terra e a luz do mundo.
João 15:1,5	Eu sou um ramo da videira verdadeira, JESUS - sou um canal da Sua vida
João 15:16	Eu fui escolhido e designado por Deus para dar fruto.
Atos 1:8	Eu sou uma testemunha pessoal de Cristo, fortalecido pelo Espírito.
1 Coríntios 3:16	Eu sou o templo de Deus.
2 Coríntios 5:17-21	Eu sou um ministro de reconciliação para Deus.
2 Coríntios 6:1	Eu sou cooperador de Deus.
Efésios 2:6	Eu estou assentado nos lugares celestiais com Cristo.
Efésios 2:10	Eu fui feito por Deus para realizar boas obras.
Efésios 3:12	Eu posso aproximar-me de Deus, com liberdade e confiança.
Filipenses 4:13	Eu posso tudo naquele que me fortalece.

Eu estou seguro

Já não sou culpado, desprotegido, só ou abandonado. Em Cristo eu estou totalmente seguro. DEUS DIZ QUE:

Romanos 8:1,2	Eu estou livre de condenação.
Romanos 8:28	Eu sei que todas as coisas cooperam para o bem daqueles que amam a Deus.

Romanos 8:31-34	Eu estou livre de qualquer acusação contra mim.
Romanos 8:35-39	Eu não posso ser separado do amor de Deus.
2 Coríntios 1:21,22	Eu fui confirmado, ungido e selado por Deus.
Filipenses 1:6	Eu estou certo de que o bom trabalho que Deus começou em mim vai ter continuidade.
Filipenses 3:20	Eu sou um cidadão do céu.
Colossenses 3:3	Eu estou escondido com Cristo em Deus.
2 Timóteo 1:7	Eu não recebi um espírito de medo, mas de poder, de amor e de moderação.
Hebreus 4:16	Eu posso encontrar graça e misericórdia para ser socorrido nos tempos de necessidade.
1 João 5:18	Eu sou nascido de Deus e o maligno não pode tocar-me.

Eu sou aceito

Já não sou rejeitado, sem amor ou sujo. Em Cristo eu sou completamente aceito. Deus diz:

João 1:12	Eu sou um filho de Deus.
João 15:15	Eu sou um amigo de Cristo.
Romanos 5:1	Eu fui justificado.
1 Coríntios 6:17	Eu estou unido com o Senhor e sou um espírito com Ele.
1 Coríntios 6:19,20	Eu fui comprado por um preço. Pertenço a Deus.
1 Coríntios 12:27	Eu sou membro do corpo de Cristo.
Efésios 1:1	Eu sou um santo.
Efésios 1:5	Eu fui adotado como filho de Deus.
Efésios 2:18	Eu tenho acesso direto a Deus por meio do Espírito Santo.
Colossenses 1:14	Eu fui redimido e perdoado de todos os pecados.
Colossenses 2:10	Eu estou completo em Cristo.

SESSÃO 2: Quem Sou Eu Agora?

BOAS-VINDAS

Imagine que esteja falando com um descrente. Você pode resumir a mensagem do Evangelho em uma ou duas frases? Ou então, como é que a mensagem do Evangelho foi apresentada a você quando se tornou um cristão?

ADORAÇÃO

Notemos o quanto Deus nos ama e tem prazer em nós, mesmo que nós não O mereçamos. Efésios 3.16-19, Sofonias 3.17; 2 Coríntios 3.18; Hebreus 12.1,2; Salmo 103.8-17

PALAVRA

Versículo-chave: "Portanto, se alguém está em Cristo, é nova criação. As coisas antigas já passaram; eis que surgiram coisas novas!" 2 Coríntios 5:17

Verdade Central: A sua decisão de seguir a Cristo foi o momento decisivo na sua vida e o mudou completamente para ser quem você é agora.

Quem sou eu agora?

No passado "éramos por natureza, filhos da ira, como os outros também" (Efésios 2.3).

Tudo mudou quando você se tornou cristão. Anote com cuidado os tempos verbais usados nos versículos seguintes.

"Portanto, se alguém está em Cristo, é nova criação. As coisas antigas já passaram; eis que surgiram coisas novas!" (2 Coríntios 5:17). É possível ser ao mesmo tempo velha e nova criação?

"Porque em outro tempo eram trevas, mas agora são luzes no Senhor; andem como filhos da luz." (Efésios 5.8). É possível ser ao mesmo tempo treva e luz?

"O qual nos tirou do poder das trevas, e nos transportou para o reino do filho do seu amor" (Colossenses 1.13). É possível estar nos dois reinos?

Um santo – não um pecador

"Mas Deus demonstra seu amor por nós: Cristo morreu em nosso favor quando ainda éramos pecadores." (Romanos 5.8). Se a nossa identidade fundamental não é sermos pecadores o que é que somos?

No Novo Testamento a palavra "pecador" é utilizada (mais de 300 vezes) para se referir a descrentes. Cristãos são identificados (mais de 200 vezes) como santos. A palavra "santo" significa "alguém que é justo".

Até o mais jovem cristão é santo.

Somos santos não por nossa bondade ou por aquilo que fazemos, mas por causa da nossa nova identidade e posição "em Cristo."

PAUSA PARA PENSAR 1

Veja outra vez a lista do Significado, Segurança e Aceitação dos Restaurados em Cristo, da última sessão. Que qualidade dessa lista foi particularmente significativa para você e por quê?

O que aconteceu quando se tornou cristão? Que mudanças notou em si mesmo? Visto que os cristãos mesmo assim pecam, podemos dizer que somos santos, pois por vezes pecamos ou isto é só um jogo de palavras? Por quê?

Porque é importante ver a si próprio como alguém que é "mais do que apenas perdoado"?

Não apenas perdoado, mas uma pessoa completamente nova

A mudança de comportamento acontece quando você compreende que é alguém completamente novo.

Se você olha para si como um pecador perdoado (mas ainda um pecador) o que é mais provável que faça? Vai pecar! Se quer mudar a sua forma de viver terá que ver a si mesmo como alguém que é mais do que perdoado.

Se você estiver perante um homem morto e quiser salvá-lo, o que você deve fazer?

1. Trabalhar na cura da doença que o levou à morte (no nosso caso, o pecado)?

2. Dar-lhe vida outra vez.

Se nós aceitarmos a verdade que Jesus morreu para nos curar do problema do pecado, nós acreditaremos que somos pecadores perdoados

Saber a verdade, isto é, que nós recebemos de volta a vida que Adão perdeu e nos tornamos santos, é crucial se quisermos viver uma vida que honre a Deus.

A derrota vem por não aceitarmos que somos pessoas totalmente novas

Satanás, não pode mudar o fato histórico de quem você é agora. Mas se ele lhe fizer crer em uma mentira acerca de quem você é agora, ele irá paralisar o seu andar com Deus.

Você não é salvo pelo seu comportamento, mas por aquilo em que acredita.

Agradar a Deus

O que acontece quando eu falho?

O problema de nos vermos como santos em vez de pecadores é sentirmos a dor de saber que por vezes pecamos.

Não é inevitável - mas por vezes vamos falhar

"Se dissermos que não temos pecado enganamo-nos a nós mesmos e não há verdade em nós." 1 João 1.8

Você não é um pecador nas mãos de um Deus irado. Você é sim um santo nas mãos de um Deus amoroso.

O nosso relacionamento fundamental com o nosso Pai Celestial não muda quando nós pecamos

"Meus filhinhos, escrevo-lhes estas coisas para que vocês não pequem. Se, porém, alguém pecar, temos um intercessor junto ao Pai, Jesus Cristo, o Justo." 1 João 2.1

Restauramos a nossa harmonia com Deus ao nos voltarmos para Ele e ao nos afastarmos do pecado

Um relacionamento harmonioso é baseado na confiança e na obediência – quando um destes elementos falha a qualidade do relacionamento é afetada.

Deus não nos condena

"Portanto, agora já não há condenação para os que estão em Cristo Jesus." (Romanos 8.1). Deus não está nos vigiando e apontando o Seu dedo acusatório. Não precisamos "ganhar" o nosso caminho de volta para termos o seu favor. Já temos o favor dEle por causa daquilo que Cristo fez.

Entender que podemos voltar para Deus em arrependimento quando falhamos e saber que somos perdoados é a chave para nos tornarmos cristãos maduros.

PAUSA PARA PENSAR 2

Imagine que você pecou por causa de umas mentiras do inimigo e isso o prejudicou. Qual é a forma apropriada de se comportar a essa altura?

O que você poderá fazer se, após ter errado, sentir-se condenado? (Leia Romanos 8.1; Hebreus 10.16-22; 1 João 1:8-2:2)

Não temos que tentar ser aquilo que nós já somos

O que você deve fazer para ser aceito por Deus? Simplesmente NADA! Você já foi aceito por Deus simplesmente por causa do que Cristo fez por você!

Não é o que nós fazemos que determina quem nós somos, mas quem nós somos determinará o que nós fazemos.

Não precisamos nos comportar como pensamos que os cristãos devem se comportar, simplesmente precisamos ser quem nós somos agora: filhos de Deus.

O Evangelho não nos torna gradualmente diferentes. Tudo começa por reconhecermos que já nos tornamos diferentes a partir do momento em que recebemos a Cristo.

TESTEMUNHA

Se um vizinho perguntasse a você qual a diferença entre um crente e um descrente o que o responderia? Você acha que um cristão é melhor do que um descrente? O que responderia a alguém que o perguntasse: "Porque devo me tornar um cristão?"

NA PRÓXIMA SEMANA

Leia diariamente em voz alta a lista "Meu Pai Celestial". Escolha uma verdade que seja particularmente relevante para você e passe algum tempo estudando o seu contexto e procurando uma maior compreensão destas verdades.

Eu renuncio à mentira de que o meu Pai Celestial é:	Eu alegremente abraço a verdade de que o meu Pai celestial é:
Distante e desinteressado em mim	Íntimo e interessado (Sl139.1-18)
Insensível e sem carinho	Carinhoso e compassivo (Sl 103:8-14)
Severo e exigente	Aceita-nos e enche-nos de amor e alegria (Rm 15:7; Sf 3:17.)
Passivo e frio	Caloroso e afetuoso (Is 40:11; Os 11:3,4)
Ausente e muito ocupado	Sempre presente e deseja estar comigo (Hb 13:5; Jr 31:20; Ez 34:11-16)
Impaciente, zangado e sempre insatisfeito	Paciente e lento em irar-se; deleita-se naqueles que colocam a sua esperança no Seu amor infalível (Êx 34:6; 2Pe 3:9, Sl 147:11)
Mau, cruel e abusivo	Amoroso, gentil e protetor (Jr 31:3; Is 42:3; Sl 18:2)
Tira-nos a alegria de viver	Confiável e quer nos dar uma vida com significado.

Eu renuncio à mentira de que o meu Pai Celestial é:	Eu alegremente abraço a verdade de que o meu Pai Celestial é:
Controlador e Manipulador	Sua vontade é boa, perfeita, e aceitável para mim (Lm 3:22 23; Jo 10:10; Rm 12.1,2)
Condenador e sem perdão	Cheio de graça e dá-me liberdade para falhar (Hb 4:15,16; Lc 15:11-16)
Implicante e exigente	Terno e perdoador. Seu coração e braços estão sempre abertos para mim (Sl 130:1-4; Lc 15:17-24)
Orgulhoso e perfeccionista	Empenhado no meu crescimento e orgulhoso de mim como filho (Rm 8:28,29; Hb 12.5-11 2Co 7:14)

EU SOU A/O MENINA/O DOS SEUS OLHOS!

BOAS-VINDAS

Alguma oração sua foi respondida ultimamente? Partilhe esta história.

Será que um ateu tem menos ou mais fé do que um cristão? E um hindu ou um muçulmano? E alguém que simplesmente "não sabe nada" acerca da fé?

ADORAÇÃO

O caráter maravilhoso do nosso Pai Celestial (veja a lista da Sessão 2, Meu Pai Celestial).

PALAVRA

Versículo-chave:

"Sem fé é impossível agradar a Deus, pois quem dele se aproxima precisa crer que ele existe e que recompensa aqueles que o buscam." Hebreus 11:6

Verdade Central: Deus é a verdade. Entenda que aquilo que Deus diz é a verdade e escolha crer nisso, quer sinta que seja a verdade ou não, a partir disso sua vida cristã será transformada.

Sem fé é impossível agradar a Deus

A fé é de importância vital

Nós somos salvos pela fé. Em qualquer parte da Bíblia que lermos veremos que somos chamados para viver pela fé. Uma fé real e viva é a chave para um caminho bem-sucedido com o Senhor.

Fé é simplesmente escolher crer naquilo que já é verdade

Descubra o que já é verdade; escolha crer nisso, quer sinta ser verdade ou não, e a sua vida cristã será transformada.

A eficácia da fé depende no que ou em quem você acredita

Todos vivem e agem pela fé

A questão central sobre a fé não é se nós cremos ou não. Todos creem em algo ou em alguém.

Cada decisão que se toma e cada ação que se pratica demonstra a sua fé em algo. Crer que somos animais, que evoluímos a um nível superior implica tanta fé quanto qualquer outra fé religiosa.

A única diferença entre um crente e um não crente é aquilo em que crê.

É aquilo ou aquele em que acreditamos (o objeto da nossa fé) que determina se a nossa fé será eficaz. Não é tanto o fato de crermos, mas aquilo/aquele em que cremos.

É por isso que só precisamos de uma fé tão pequena quanto um grão de mostarda (Mateus 17.20) para mover a montanha - não é a nossa fé que a move, mas Aquele em quem nós colocamos a nossa fé.

Jesus Cristo é o objeto final da nossa fé

Jesus Cristo é o único objeto de fé que nunca nos deixa desamparado porque Ele "é o mesmo ontem, hoje e para sempre" (Hebreus 13.8).

PAUSA PARA PENSAR 1

Será que um ateu tem menos ou mais fé do que um cristão? E um hindu ou um muçulmano? E alguém que simplesmente "não sabe nada" acerca da fé?

Lembre-se de alguma ocasião em que tenha falado com Deus para Ele agir de acordo com o que Ele revela nas Escrituras – o que aconteceu?

Um menino disse que fé é esforçar-se para crer naquilo que você sabe que não é "verdade". O que pensa da ideia que fé é simplesmente acreditar naquilo que já é verdade?

Todos podem crescer na fé

A quantidade de fé que nós possuímos é determinada por quão bem nós conhecemos aquele em quem colocamos a nossa fé.

Fé é escolher crer naquilo que Deus diz ser a verdade e viver a nossa vida de acordo com isso.

"Até quando hesitará entre dois pensamentos? Se o Senhor é Deus segue-O, se é Baal segui-o a ele." 1 Reis 18.21

À medida que você vive por fé naquilo que Deus diz ser verdade e descobre que funciona, você terá maior conhecimento do Senhor. Comece de onde você está agora.

Não são os nossos sentimentos que vão produzir um bom comportamento

– o nosso comportamento produzirá bons sentimentos. Escolha crer na verdade e os seus sentimentos irão se alinhar com essa crença.

Verdade

⬇

Crença

⬇

Comportamento

⬇

Sentimentos

PAUSA PARA PENSAR 2

Quais são algumas maneiras pelas quais a nossa fé cresce?

Lembre-se de alguma ocasião em que ficou desapontado com Deus por Ele não ter feito o que você pediu ou da forma que pediu? Que conclusões tira dessa experiência tão difícil?

A fé cresce em tempos difíceis

A maioria de nós pode pensar em momentos em que Deus não fez o que nós queríamos que Ele fizesse. Algumas vezes temos que admitir que a nossa compreensão sobre Deus e do que nós esperamos que Ele faça é simplesmente limitada para sabermos se estamos de acordo com o Seu caráter e a Sua vontade.

Para a nossa fé crescer, Deus vai nos colocar em situações nas quais temos que escolher se vamos colocar fé nEle ou em qualquer outra coisa.

A parte de Deus é Ele ser a verdade. A nossa responsabilidade é crer na verdade e viver de acordo com isso.

A fé leva à ação

"Assim também a fé, se não tiver obras, por si só está morta. Mas alguém dirá: tenha fé, e eu tenho obras, mostra essa sua fé sem as obras, e eu com as obras, o mostrarei a minha fé." Tiago 2:17-18

As pessoas nem sempre vivem de acordo com o que dizem acreditar, mas sim, sempre de acordo com o que realmente acreditam no seu interior.

Não importa aquilo que dizemos, é aquilo que fazemos que mostra no que acreditamos. Se quiser saber aquilo em que crê, olhe somente para as suas ações.

TESTEMUNHA

Pense em alguém que você conhece que ainda não é cristão. O que diz a Bíblia acerca do porquê desta pessoa ainda não crer? (veja 2 Coríntios 4:4; Romanos 10:14-15). Ore a Deus e peça para Ele agir especificamente sobre as coisas que impede essa pessoa de crer. Depois confie na Palavra de Deus e ore em função disso!

NA PRÓXIMA SEMANA

Em cada dia leia a lista em voz alta dos "Vinte 'Eu Posso' do Sucesso". Depois escolha uma dessas verdades que é particularmente apropriada para você e tome a decisão de crer nela, independentemente dos seus sentimentos e circunstâncias. Se surgir uma oportunidade para dar um passo de fé de uma forma prática, baseado nessa verdade, ainda melhor.

1. Por que é que digo que não posso, se a Bíblia diz que eu posso todas as coisas que Cristo me dá o poder? (Filipenses 4.13)

2. Por que me irá faltar algo, quando eu sei que Deus suprirá cada uma das minhas necessidades de acordo com as riquezas da Sua glória em Cristo Jesus? (Filipenses 4:19)

3. Por que tenho medo quando a Bíblia diz que Deus não me deu um espírito de medo, mas de poder, amor e moderação? (2 Timóteo 1.7)

4. Por que me falta a fé para cumprir a minha chamada, quando Deus me concedeu de acordo com a medida da fé? (Romanos 12:3)

5. Por que sou fraco quando a Bíblia diz que Deus é a força da minha vida e que terei força e agirei porque eu conheço a Deus? (Salmo 27:1; Daniel 11:32)

6. Por que devo permitir a supremacia de Satanás sobre a minha vida quando eu sei que Aquele que está em mim é maior do que aquele que está no mundo? (1 João 4:4)

7. Por que devo aceitar a derrota quando a Bíblia diz que Deus sempre me conduz em vitória? (2 Coríntios 2:14)

8. Por que me falta sabedoria quando Cristo se torna sabedoria de Deus para mim, e Ele mesmo dará a mim quando Lhe pedir com fé? (I Coríntios 1:30; Tiago 1:5)

9. Por que vivo deprimido quando posso trazer à mente o amor carinhoso, a compaixão e a fidelidade de Deus e ter assim esperança? (Lamentações 3:21-23)

10. Por que fico ansioso e aflito quando posso lançar todas as minhas ansiedades naquele que cuida de mim? (1 Pedro 5:7)

11. Por que vivo algemado quando sei que no Espírito do Senhor há liberdade? (2 Coríntios 3:17; Gálatas 5:1)

12. Por que me sinto condenado quando a Bíblia diz que em Cristo eu não estou condenado? (Romanos 8:1)

13. Por que me sinto só quando Jesus diz que Ele está sempre comigo e que Ele nunca me deixará, nem abandonará? (Mateus 28:20; Hebreus 13:5)

14. Por que me sinto amaldiçoado ou uma vítima do azar quando a Bíblia me diz que Cristo me livrou da maldição da Lei ao receber o Seu Espírito? (Gálatas 3:13,14)

15. Por que ficar descontente quando, tal como Paulo, posso aprender a viver contente em todos os momentos, sejam quais forem as circunstâncias? (Filipenses 4:11)

16. Por que me sinto sem valor quando Cristo se tornou pecador em meu lugar, a fim de que me tornasse justiça de Deus? (2 Coríntios 5:21)

17. Por que tenho um complexo de perseguição quando sei que ninguém pode ser contra mim, quando Deus está a meu favor? (Romanos 8:31)

18. Por que estou confuso quando Deus é o autor da paz e Ele me dá conhecimento pelo Seu Espírito que habita em mim? (1 Coríntios 14:33; 1 Coríntios 2:12)

19. Por que me sinto um fracasso quando em Cristo Jesus sou mais que vencedor em todas as coisas? (Romanos 8:37)

20. Por que me deixo incomodar pelas pressões da vida quando posso ter coragem em Cristo que venceu o mundo e as suas aflições? (João 16:33)

SESSÃO 4: COMO O MUNDO VÊ A "VERDADE"

Parte B – O mundo, a carne e o Diabo

A cada dia, o mundo, a carne e o Diabo conspiram para nos afastar da verdade. Ao entendermos como eles operam, estaremos preparados para permanecermos firmes.

BOAS-VINDAS

Se pudesse ir a qualquer parte do mundo, qual lugar escolheria?

Se tivesse sido criado em uma cultura diferente, você acha que a sua maneira de ver o mundo e aquilo em que acredita seria muito diferente daquilo que é hoje?

ADORAÇÃO

A SINGULARIDADE DE JESUS - JOÃO 14.6, EFÉSIOS 1.17-23; 1 CORÍNTIOS 1.30; FILIPENSES 2.5-11

PALAVRA

Versículo-chave: "Não se amoldem ao padrão deste mundo, mas transformem-se pela renovação da sua mente, para que sejam capazes de experimentar e comprovar a boa, agradável e perfeita vontade de Deus." Romanos 12:2

Verdade Central: O mundo onde crescemos influenciou-nos a ver a vida de uma certa forma e nos fez crer que essa visão é a correta. Contudo, se esta forma de ver a vida não corresponder ao que Deus diz ser verdade, então temos que rejeitá-la e passar a crer no que realmente é verdade.

O que é o "mundo"?

"Vocês estavam mortos em suas transgressões e pecados, nos quais costumavam viver, quando seguiam a presente ordem deste mundo e o príncipe do poder do ar, o espírito que agora está atuando nos que vivem na desobediência." Efésios 2.1,2

O mundo é o sistema ou a cultura em que nós crescemos ou vivemos.

Satanás é chamado de "príncipe deste mundo" (João 12.31). De uma forma significativa ele influencia os "cordeirinhos" e assim governa o mundo.

AS TÁTICAS DO MUNDO

Tática 1: Prometer satisfazer as nossas necessidades mais profundas

Fomos criados com necessidades relacionadas à segurança, significado e aceitação que a vida espiritual teria cumprido. Instintivamente procuramos a satisfação no mundo que nos alimentou com as suas equações falsas. (página 14).

1 João 2.15-17 ajuda-nos a compreender os três canais pelos quais o mundo nos atrai.

O desejo da carne

Quanto mais nós agimos em função da injustiça do mundo, mais os padrões do comportamento se tornarão "formas habituais de comportamento".

O desejo dos olhos

O mundo nos atrai através das suas imagens. Jesus disse que os olhos são "a lâmpada do nosso corpo" (veja Mateus 6.22-23).

A soberba da vida

O mundo tenta nos enganar quando a vida, baseada na mentira, nos torna significantes são as nossas possessões ou conquistas.

Dê exemplos práticos de como caímos nas falsas equações que o mundo nos apresenta:

desempenho + metas atingidas = significado

estatuto + reconhecimento = segurança

aparência + admiração = aceitação

Qual é o "meio" – o desejo da carne, o desejo dos olhos ou a soberba da vida – por qual você está mais vulnerável (veja 1 João 2.15-17)?

Tática 2: Pintar um quadro completo, mas falso da realidade

Todos temos uma "cosmovisão".

Todos nós desenvolvemos uma forma de encarar a realidade - uma cosmovisão - formada majoritariamente por onde nós fomos criados. A nossa perspectiva da realidade muda, mas a realidade em si não muda.

A sua cosmovisão funciona como um filtro - tudo o que passa à sua volta passa por este filtro a fim de que você entenda o que está acontecendo. Se for enganoso, vai levá-lo a conclusões enganosas sobre a vida. Exemplos de algumas cosmovisões diferentes:

1. Animismo: uma visão do mundo não ocidental

- Uma crença que as nossas vidas estão controladas por uma espécie de poder universal e pelos espíritos de muitos tipos.

- Necessita de um "perito" para manipular o poder espiritual a nosso favor.

2. Visão ocidental ou cosmovisão "moderna"

- Divide a realidade em "natural" e "sobrenatural", mas dá atenção apenas ao natural.

- Assuntos espirituais são irrelevantes para o nosso dia a dia.

- A realidade só é definida por aquilo que nós podemos ver, tocar e medir.

3. Uma cosmovisão pós-moderna

- Há muitos tipos de olhares, e, consequentemente, há muitos tipos de "verdade", por isso, não há "a verdade." (Friedrich Nietzsche - 1844 a 1900).

- Verdade objetiva não existe.

- Cada um tem a sua própria versão da "verdade".

- Cada "verdade pessoal" é tão válida quanto a de qualquer outro.

- Se discorda com a minha "verdade" ou desaprova as minhas ações, está rejeitando-me.

4. A cosmovisão bíblica

- A verdade existe.

- Deus é a verdade.

- Fé e lógica não são incompatíveis.

- Considere a questão mais importante que todos encaramos no mundo O que vai acontecer quando morrermos?

- O hinduísmo ensina que quando uma alma morre, ela reencarna em uma outra forma.

- O cristianismo ensina que a alma passará a eternidade no céu ou no inferno.

- O ateísmo não crê na existência da alma e afirma que, quando morremos, simplesmente deixamos de existir.

- O pós-modernismo diz que você pode fazer o que quiser e crer no que quiser desde que não ofenda às outras pessoas.

Será que aquilo que acredita quanto à morte fará alguma diferença naquilo que realmente irá acontecer? Ou será que todas as pessoas, em todos os lugares terão a mesma experiência da morte, independentemente daquilo em que creram antes?

A lógica nos diz que todos nós passaremos pela mesma experiência, independentemente do que escolhemos crer antes de morrer.

Por Deus ser "a verdade", toda a verdade genuína vem dEle e vale em todo o lugar e para todos, a toda a hora, independentemente de quando e onde nasceram.

PAUSA PARA PENSAR 2

Você reconhece que tem sido influenciado por uma das três cosmovisões não bíblicas que acabamos de ver? Qual delas o influenciou mais?

Quão diferente seria a sua cosmovisão se tivesse nascido em outra parte do mundo?

Como podemos afirmar aos outros que Jesus é o único caminho para Deus sem nos tornarmos arrogantes?

Tática 3: Atenção às misturas

Nós temos um sistema de crenças intrínsecas - a nossa cosmovisão original. Ao nos tornarmos cristãos é fácil simplesmente acrescentar uma "cobertura" de crenças cristãs, mas deixar que o âmbito das crenças originais continue lá.

Quando estamos "entre a espada e a parede" tendemos a usar as nossas crenças intrínsecas como se nunca tivéssemos conhecido o mundo como realmente é.

"A fé cristã não é a verdade porque funciona. Ela funciona porque é a verdade. Não é simplesmente "a verdade para nós", é a verdade para qualquer pessoa que a busca a fim de encontrar, porque a verdade é verdadeira, mesmo quando ninguém crê nela, e a falsidade é falsa mesmo quando todos creem nela". (Os Guinness, Time For Truth, Baker Books, 2000, p.79-80).

PAUSA PARA PENSAR 3

Que exemplos você pode dar de como cristãos podem misturar a sua fé com outras cosmovisões? Você consegue ver em sua vida a tendência de fazer a mesma coisa?

Os Guiness dizem "A fé cristã não é a verdade porque funciona. Ela funciona porque é a verdade". Que medida você usaria para avaliar se uma cosmovisão é verdadeira ou não?

Você tomou a decisão de se libertar das crenças originais do mundo, entregando-se à realidade revelada pela Bíblia? Sendo assim, o que você deve fazer para manter essa cosmovisão enquanto vive em uma cultura que tem uma cosmovisão diferente?

TESTEMUNHA

Como é que a as diferentes formas de ver o mundo, com as quais nós crescemos, podem ajudar você à medida que testemunha àqueles que ainda não são cristãos? O que você dirá aos que têm uma visão pós-moderna e que veem as crenças fortes como algo negativo?

NA PRÓXIMA SEMANA

Peça ao Espírito Santo que o guie em toda a verdade e revele a você as mentiras em que tem acreditado, como resultado de ter crescido no meio de uma cosmovisão não-bíblica.

SESSÃO 5: AS NOSSAS ESCOLHAS DIÁRIAS

BOAS-VINDAS

O que é que você gostaria de fazer se soubesse que não falharia?

ADORAÇÃO

Adore a Deus por quem Ele é.

Hebreus 13:15; Apocalipse 19:5; Salmos 99:9; 1 Crônicas 29:11-13

PALAVRA

Versículo-chave: "Entretanto, vocês não estão sob o domínio da carne, mas do Espírito, se de fato o Espírito de Deus habita em vocês..." Romanos 8.9

Verdade Central: Ainda que sejamos novas pessoas em Cristo, com uma nova natureza e liberdade para viver de acordo com o que o Espírito Santo nos diz, isto não faz com que a obediência a Deus seja automática.

O que acontece quando nos tornamos crentes?

- Recebemos um novo coração e um novo Espírito dentro de nós
- Recebemos uma nova vida "em Cristo"
- Temos um novo Mestre (Colossenses 1:13)

O que não aconteceu?

O nosso corpo não mudou

A nossa "carne" não foi eliminada

A carne é o "impulso para fazermos o que vem naturalmente a um ser humano caído".

É constituído por pensamentos que hostis a Deus e à Sua Palavra, mas que se tornam a nossa forma "habitual de pensar" e, consequentemente, a nossa forma de agir (ver Romanos 8.5-7a).

Temos que nos educar a pensar de uma forma alinhada com a verdade de Deus e não com a da nossa natureza, um processo que se chama "renovação do entendimento" (Romanos 12.2).

O pecado ainda não morreu

O pecado está vivo, e bem vivo, mas nós estamos mortos para o pecado (Romanos 6.11).

A lei do pecado ainda é efetiva. Como podemos vencer uma lei que ainda é efetiva? Usando uma lei mais forte. "Porque a lei do Espírito de vida, em Cristo Jesus, me livrou da lei do pecado e da morte" (Romanos. 8.2).

As nossas escolhas

- Mesmo que nós já não precisemos pensar e reagir de acordo com a nossa carne (velha natureza), nós ainda podemos escolher pensar assim.
- Mesmo que o pecado já não tenha poder sobre nós, podemos escolher ceder e deixá-lo nos dominar.

Nada muda o fato de quem nós somos agora e a verdade do amor de Deus por nós, mas o resultado disto na nossa vida diária vai depender da nossa escolha individual – vamos escolher crer que o que Deus diz é a verdade e agir de acordo com isto, ou não?

Três tipos diferentes de pessoas

1. O homem natural
("o homem sem o Espírito") - 1 Coríntios 2:14-3:3; Efésios 2:1-3

Esta é a descrição de uma pessoa que ainda não é crente:

- Vive fisicamente, mas está espiritualmente morta;
- Está separada de Deus;
- Vive independente de Deus;
- Vive na carne - as ações e escolhas são ditadas pela velha natureza (veja Gálatas 5:19-21);
- Não tem uma base espiritual para lidar com o estresse da vida.

2. O homem espiritual (1 Coríntios. 2.15)

Este é o estado normal para um crente:

- Foi transformado pela fé em Cristo;

- O seu espírito agora está unido com o Espírito de Deus;

- Ele recebeu perdão, aceitação na família de Deus e sabe que tem valor em Cristo;

- Recebe a força do Espírito de Deus, em vez da força da carne;

- Está renovando a sua mente (trocando a velha maneira de pensar pela verdade);

- As emoções são marcadas pela alegria e pela paz e não pela inquietação;

- Escolhe andar no Espírito e assim demonstra os frutos do Espírito (Gálatas 5:22-23);

- Ainda tem a carne, mas a crucifica diariamente e reconhece a verdade de que está agora morto para o pecado (Romanos 6:11-14).

3. O homem carnal (1 Coríntios 3:3)

Uma pessoa que já foi viva espiritualmente, ou seja, crente, mas que em vez de escolher seguir os impulsos do Espírito, escolheu seguir os impulsos da carne.

- A sua vida diária se parece mais com a de uma pessoa natural (não crente) do que com a vida de uma pessoa espiritual;

- A mente fica ocupada com pensamentos errados;

- As suas emoções são maioritariamente negativas;

- O seu corpo mostra sinais de estresse;

- Vive em oposição à sua identidade em Cristo;

- Tem sentimento de inferioridade, insegurança, insuficiência, culpa, preocupação e dúvida;

- Tende a ficar "amarrado" a certos pecados (Romanos 7.15-24).

O que está em jogo não é a sua salvação, mas a sua capacidade de dar fruto.

É fácil, em sua experiência, um crente agir da mesma forma como um descrente? Dê exemplos específicos de como você tem feito isso.

Porque é que muitos crentes vivem carregados de insegurança, inferioridade, incapacidade, culpa, preocupações e dúvidas?

Será que é realmente possível para cada crente viver acima da lei do pecado e vencer a nossa tendência para comportamentos pecaminosos e egoístas?

Compete a nós!

"Seu divino poder nos deu todas as coisas de que necessitamos para a vida e para a piedade, por meio do pleno conhecimento daquele que nos chamou para a sua própria glória e virtude." 2 Pedro 1.3

Já temos toda a "sorte de bençãos espirituais." Efésios 1.3

O que mais é que Deus precisa fazer para você estar liberto em Cristo e ser frutífero? O que mais é que qualquer outra pessoa precisa fazer?

Barreiras do crescimento

Ignorância

Engano (Colossenses 2:6-8)

Áreas comuns de engano:

- "Isto pode funcionar para os outros, mas no meu caso é diferente e não vai funcionar para mim".
- "Eu nunca poderia ter a fé de "fulano".
- "Deus nunca poderá me usar".

Conflitos pessoais e espirituais não resolvidos

O pecado dá ao inimigo uma entrada (Efésios 4.26.27), um meio para nos travar. Muitos vêm a Cristo sem se arrependerem dos seus pecados.

Os Passos Para a Liberdade em Cristo é uma ferramenta que o pode ajudar a examinar a sua vida e a pedir ao Espírito Santo que o mostre as áreas em que ainda não se arrependeu e em que não fechou a porta para a influência do inimigo.

Escolher andar pelo Espírito a cada dia é agora uma escolha genuína

Uma vez que tenhamos feito o compromisso de crer na verdade, ndependentemente do que estejamos sentindo, e se já tivermos resolvido os conflitos espirituais, estaremos, pois, genuinamente livres para fazer as nossas escolhas a cada dia. Nós podemos escolher seguir os impulsos da carne ou os impulsos do Espírito. Estes dois tipos de impulso estão em direta oposição um ao outro. Nós estamos na mesma situação de Adão e Eva antes da Queda - estamos livres para escolher.

Andar pelo Espírito não é:

- Só um bom sentimento;
- Uma desculpa para fazermos tudo o que queremos - "Porque a carne milita contra o Espírito, e o Espírito, contra a carne, porque são opostos entre si..." Gálatas 5:17;
- Legalismo - "Mas se sois guiados pelo Espírito, não estais debaixo da lei." Gálatas 5:18.

Andar pelo Espírito é:

- A verdadeira liberdade - "Onde está o Espírito do Senhor, aí há liberdade." 1 Coríntios 3:17;
- Ser guiado - "As minhas ovelhas ouvem a minha voz, e eu conheço- as, e elas me seguem." João 10:27;
- Caminhar com Deus e na direção certa - "Vinde a mim todos vós que estais cansados e oprimidos, e eu vos aliviarei. Tomai sobre vós o meu jugo, e aprendei de mim, que sou manso e humilde de coração; e encontrareis descanso para as vossas almas. Porque o meu jugo é suave e o meu fardo é leve." Mateus 11:28-30.

Como sabemos que estamos a andar pelo Espírito?

Do mesmo modo que identificamos uma árvore pelos seus frutos, você saberá andar ou não pelo Espírito ao ver os frutos da sua vida (veja Gálatas 5:19-23).

Andar pelo Espírito é uma experiência, momento após momento, dia após dia. Você pode escolher em cada momento de cada dia ou andar pelo Espírito ou pela carne.

Mas, uma vez que você compreender a verdade de quem Deus é e quem você é, por que iria novamente andar pela carne?

PAUSA PARA PENSAR 2

Leia Gálatas 3.3. Ao fazer uma retrospectiva da sua vida, que exemplos você pode dar de que estava sendo impulsionado para viver em seu próprio esforço humano, mesmo sendo cristão?

Porque que é que você pensa que mesmo que se esforce mais para fazer o que é certo, não basta?

Se é para sermos guiados pelo Espírito, como é que podemos ouvir e depois reconhecer a Sua voz?

TESTEMUNHA

Como podemos explicar aos descrentes os benefícios de estarmos cheios do Espírito Santo de modo que isso faça sentido para eles?

NA PRÓXIMA SEMANA

Todo o dia comprometa-se especificamente a andar no Espírito e peça que o Ele o encha.

SESSÃO 6: DESTRUIR FORTALEZAS

BOAS-VINDAS

Qual foi a pior coisa que alguma vez alguém disse a você ou sobre você? Foi capaz de superar isso ou ficou em sua mente?

ADORAÇÃO

A graça de Deus. 1 João 3:1-2; Efésios 1:7-8; João 1.16

PALAVRA

Versículo-chave:
"Nós destruímos os argumentos e toda pretensão que se levanta contra o conhecimento de Deus, e levamos cativo todo pensamento e o fazemos obediente a Cristo." 2 Coríntios 10:5

Verdade Central:
Todos temos fortalezas em nossas mentes, isto é, maneiras de pensar que não estão de acordo com a verdade de Deus.

O que é uma fortaleza?

"Para a liberdade foi que Cristo nos libertou..." Gálatas 5:1

Se você não consegue se ligar à verdade, possivelmente isso se deve às "fortalezas" mentais e por falta de arrependimento.

Fortalezas estão ligadas à natureza humana.

Ed Silvoso define uma fortaleza como:

"Um modo de pensar impregnado com a falta de esperança que nos leva a

aceitar certas situações como imutáveis, embora saibamos que são contrárias à vontade de Deus" (excerto do livro "That none should perish", Ed Silvoso, Regal Books, 1994, pag.155).

Neil Anderson diz: "Fortalezas são padrões habituais de pensamento que não são consistentes com a Palavra de Deus."

Normalmente, fortalezas se revelam em um tipo de comportamento ou temperamento que não agradam a Cristo. Também se revelam nas coisas que sentimos que devemos fazer, mas parece que não temos capacidade para fazê-las, ou coisas que sabemos que não devemos fazer, mas não temos capacidade para parar. São baseadas em mentiras bem enraizadas.

PAUSA PARA PENSAR 1

Leia Romanos 6:1-7. A passagem diz que "morremos" para o pecado e não precisamos "ser escravos" do pecado. Como é que você se sente quando está envolvido em um padrão de comportamento que sabe ser errado, e ainda assim não consegue fugir ou escapar? Já sentiu alguma vez que não conseguiu fazer algo que Deus quer?

Qual é a sua opinião sobre os cristãos se conformarem em viver uma vida cristã de segunda categoria?

Pense em exemplos de coisas que foram ditas sobre alguém (você ou outra pessoa) das quais é difícil de se livrar? Dado que Deus é bom e que não nos pede coisas impossíveis, que esperança temos para poder mudar essa situação?

Como as fortalezas são estabelecidas

Nosso meio ambiente

O mundo caído onde vivemos é hostil a Deus. Nós vivemos o nosso dia a dia neste mundo, mesmo antes de conhecermos a Cristo. Fomos moldados neste mundo.

Experiências traumáticas

Por exemplo, uma morte na família, um divórcio, uma violação sexual. As experiências traumáticas formam fortalezas devido à sua intensidade.

Se aquilo que você **crê** não reflete a verdade, o que você **sente** também não irá refletir a realidade.

Tentações

As fortalezas também são formadas ou reforçadas quando nós repetidamente cedemos às tentações.

Cada tentação é uma tentativa de fazê-lo viver uma vida independente de Deus. A base da tentação é frequentemente uma necessidade legítima. A questão que se coloca é: estas necessidades vão ser satisfeitas à maneira do mundo, da carne e do Diabo? Ou serão satisfeitas através de Cristo que promete: "O meu Deus suprirá todas as necessidades de vocês, de acordo com as suas gloriosas riquezas em Cristo Jesus." (Filipenses 4:19)?

No limiar do pensamento

"Não sobreveio a vocês tentação que não fosse comum aos homens. E Deus é fiel; ele não permitirá que vocês sejam tentados além do que podem suportar. Mas, quando forem tentados, ele lhes providenciará um escape, para que o possam suportar." (1 Coríntios 10:13)

Deus tem providenciado um escape para toda a tentação – está presente desde o início, mesmo quando o pensamento de tentação chega à sua mente. Esta é a sua oportunidade para "tornar cativo cada pensamento e levá-lo à obediência de Cristo." (2 Coríntios 10:5)

PAUSA PARA PENSAR 2

Quando você está sendo tentado e parece impossível vencer, que encorajamento você pode tirar da sua compreensão da Bíblia?

Se tem cedido à tentação do passado, de que maneira você se prepara para vencer uma tentação futura?

Efeitos das fortalezas

Maneira distorcida de ver a realidade

"Porque, assim como os céus são mais altos que a terra, assim são os meus pensamentos mais altos que os vossos pensamentos." Isaías 55:9

"Confie no Senhor de todo o seu coração e não se apoie em seu próprio entendimento; reconheça o Senhor em todos os seus caminhos, e ele endireitará as suas veredas." Provérbios 3:5-6

As fortalezas tendem a nos impedir de ver o que é realmente a verdade devido à forma como elas nos fazem sentir.

Más escolhas

Nós iremos fazer escolhas melhores quando nos comprometermos a conhecer Deus e os Seus caminhos. Ele realmente deseja apenas o melhor para nós e Ele sabe o que é melhor.

PERIGO
BEIRA DO
PRECIPÍCIO

PAUSA PARA PENSAR 3

Você acha fácil escolher crer no que Deus diz ser a verdade, mesmo quando não sente que isso é a verdade?
Consegue lembrar de alguma vez que aconteceu isso e qual foi o resultado?

Destruir as fortalezas

Temos de nos sujeitar às fortalezas? Não!

"Pois, embora vivamos como homens, não lutamos segundo os padrões humanos. As armas com as quais lutamos não são humanas; pelo contrário, são poderosas em Deus para destruir fortalezas. Destruímos argumentos e toda pretensão que se levanta contra o conhecimento de Deus, e levamos cativo todo pensamento, para torná-lo obediente a Cristo." 2 Coríntios 10:3-5

"Procura vírus": uma vez que nós lidamos com qualquer entrada do inimigo, uma fortaleza não é mais do que uma forma de pensar e de agir.

Precisamos guardar nossas mentes ao "levar cativo todo o pensamento à obediência de Cristo." (2 Coríntios 10:3-5)

UMA RESPOSTA COMPLETA

Se quisermos uma resposta completa, temos que entender que nós estamos contra não somente o mundo e a carne, mas também contra o Diabo. Na próxima sessão veremos qual é o papel do Diabo que, de fato, dos três, é o mais fácil de resolver.

TESTEMUNHA

Você acha fácil falar de Jesus para aqueles que ainda não O conhecem? Acha que qualquer dificuldade que tem está relacionada com as fortalezas da sua mente? Tente descobrir quais mentiras podem estar atuando e encontre a verdade na Bíblia a fim de colocá-la em prática.

NA PRÓXIMA SEMANA

Meditar nestas três passagens: 2 Coríntios 10:3-5; Romanos 8:35-39; Filipenses 4:12-13.

SESSÃO 7: A BATALHA PELA NOSSA MENTE

BOAS-VINDAS

Alguém já se pregou alguma peça, ou já pregou uma peça em alguém?

ADORAÇÃO

A Sua autoridade – a nossa autoridade.
Colossenses 2:15,20; Lucas 10.19; Mateus

28:18,20; Efésios 6:11-18

PALAVRA

Versículo-chave: "Vistam toda a armadura de Deus, para poderem ficar firmes contra as ciladas do diabo." Efésios 6:11

Verdade Central: A batalha toma lugar na nossa mente. Se estivermos atentos à forma de Satanás trabalhar, não cairemos nas suas armadilhas.

A batalha é real

Jesus veio para destruir as obras de Satanás (1 João 3:8).

Todos nós que crescemos com uma cosmovisão ocidental temos a tendência de desacreditar na realidade de um mundo espiritual ou agir como se este não existisse.

Nós estamos em uma batalha, quer queiramos quer não. Paulo nos diz especificamente que a nossa luta não é contra o sangue e a carne, mas contra as forças espirituais nos lugares celestiais (Efésios 6:10).

Quem é Satanás?

Adão e Eva efetivamente entregaram o direito de governar sobre o mundo para Satanás, a quem Jesus chamou de "o príncipe (governante) deste mundo" (João 12:31).

Satanás não é como Deus

Nós tendemos a dividir o mundo em "natural" e "sobrenatural", mas a Bíblia faz uma distinção entre "Criador" e "criado" (veja João 1:3). Tal como nós, Satanás é um ser criado, sendo que Deus é o Criador. Não há comparação entre eles.

Satanás pode estar em um só lugar ao mesmo tempo

Porque Satanás é um ser criado, podemos deduzir que ele pode estar em um só lugar ao mesmo tempo. Só Deus pode estar ao mesmo tempo em todo o lugar.

É impensável comparar o poder e a autoridade de Deus com a de Satanás

Jesus desarmou completamente Satanás na cruz (Colossenses 2:15).

Jesus está "muito acima" de todo o poder de autoridade (Efésios 1:21).

Satanás não sabe todas as coisas

Satanás não consegue ler a nossa mente. Isto pode ser deduzido a partir da Bíblia. Por exemplo, em Daniel 2 os magos usaram poderes demoníacos para ler a mente de Nabucodonosor, mas não conseguiram. Também sabemos isto pelo fato de Satanás ser um ser criado e não possuir atributos divinos.

Como satanás trabalha

Através de uma rede de anjos caídos

Satanás trabalha pelos "principados, autoridades, poderes e forças espirituais nos lugares celestiais" (Efésios 6:12).

Ao colocar pensamentos em nossas mentes

"Ora, o Espírito afirma expressamente que, nos últimos tempos, alguns apostatarão da fé, por obedecerem a espíritos enganadores e a ensinos dos demônios." 1 Timóteo 4:1

Três exemplos bíblicos de como Satanás colocou pensamentos na mente de alguém:

- "Então, Satanás se levantou contra Israel e incitou a Davi a levantar o censo de Israel." 1 Crónicas 21:1

- "Durante a ceia, tendo já o Diabo posto no coração de Judas Iscariotes, filho de Simão, que traísse Jesus." João 13:2

- "Então, disse Pedro: Ananias, por que encheu seu coração Satanás, para que mentir ao Espírito Santo, reservando parte do valor do campo?" Atos 5:3

Se Satanás consegue colocar pensamentos em nossas mentes, estes podem tornar-se praticamente como sendo nossos... "Eu não tenho valor... Eu sou feio!"

Você ficou particularmente surpreendido por algum destes ensinos sobre Satanás?

Você se sente agora mais ou menos convicto do que pensava?

Surpreendeu-se que alguns pensamentos tenham sido colocados em sua mente por espíritos enganadores, mesmo que esses pensamentos pareçam ser de sua autoria? Consegue identificar alguns deles? Pode identificar ocasiões em que isto aconteceu? São completamente falsos ou há alguma verdade neles?

Através da tentação, acusação e engano

Se eu o tentar, vai saber. Se eu o acusar, vai saber. Mas se eu o enganar, por definição você não o saberá. Engano é a estratégia básica de Satanás.

Ao deixar brechas em sua vida pelo pecado

Efésios 4:26-27 diz que se nós não lidarmos com a nossa ira, criaremos uma brecha e daremos lugar a Satanás em nossa vida.

"Se vocês perdoam a alguém, eu também perdoo; e aquilo que perdoei, se é que havia alguma coisa para perdoar, perdoei na presença de Cristo, por amor a vocês, a fim de que Satanás não tivesse vantagem sobre nós; pois não ignoramos as suas intenções." 2 Coríntios 2:10-11

Satanás tem acesso à vida dos crentes majoritariamente através do pecado da falta de perdão.

A relação entre demônios e os cristãos

Não estamos falando sobre crentes serem "possuídos", isto é, completamente controlados pelos demônios. No centro do nosso ser, o nosso espírito está ligado ao Espírito de Deus e Satanás não pode nos dominar. Estamos falando de Satanás ganhar uma influência crescente na nossa mente de tal forma que ele pode nos neutralizar ou até mesmo nos usar para cumprir seus propósitos.

PAUSA PARA PENSAR 2

Leia 2 Coríntios 4.4. Como é que você pensa que Satanás opera na vida dos seus amigos descrentes? Pode dar exemplos?

O que é que você poderá fazer quanto a isso?

Leia Colossenses 4:2,3. Como é que você pode orar especificamente por eles?

A nossa defesa

Compreender a nossa posição em Cristo

Efésios 1:19-22 nos diz que Cristo está sentado à direita de Deus Pai, o último lugar de poder e autoridade, "acima de qualquer governo e autoridade, poder e domínio".

"E Deus juntamente com ele, nos ressuscitou, e nos fez assentar nos lugares celestiais em Cristo." Efésios 2:6

Por causa da completa obra de Cristo, é dado à Igreja poder e autoridade para continuar o Seu trabalho. A nossa autoridade é fazer a vontade de Deus. Também temos todo o poder de Deus desde que estejamos cheios (controlados) do Espírito Santo.

Use os recursos que temos em Cristo

Mesmo estando derrotado, Satanás continua "andando ao redor, como leão que ruge procurando alguém para devorar" (1 Pedro 5:8). Mas foi nos dado recursos para o resistirmos.

Paulo diz para colocarmos a armadura de Deus e permanecermos firmes (Efésios 6:11-20).

"Portanto, submetam-se a Deus. Resistam ao diabo, e ele fugirá de vocês" (Tiago 4:7). Esta é a chave para quebrar o ciclo do pecado e confissão do pecado. Não confesse somente, mas resista também ao maligno.

Não tenha medo

Os demônios ficam petrificados com cristãos que conhecem a extensão do poder e autoridade que eles têm em Cristo.

Não temos razões para ter medo deles.

"Aquele que nasceu de Deus o guarda, e o maligno não lhe toca." 1 João 5:18

Guarde a sua mente

"Prepara a sua mente e esteja sóbrio." 1 Pedro 1:13

Nunca somos chamados a dirigir os nossos pensamentos para dentro de nós mesmos ou de uma forma passiva, mas sempre para fora de nós e ativamente. Deus nunca ultrapassa a nossa mente – Ele sempre trabalha através dela.

Acenda a luz

Satanás não tem poder sobre nós, a menos que ele nos engane e nos faça acreditar que ele tem poder – somos nós que lhe damos poder ao falharmos em acreditar na verdade.

Exponha a mentira de Satanás perante a verdade de Deus e o seu poder será quebrado.

"Eles não são do mundo, como eu também não sou. Santifica-os na verdade; a tua palavra é a verdade." João 17:16,17

Tentar não ter pensamentos negativos não funciona. Como cristãos não somos chamados a dispersar as trevas. Somos instruídos a sermos luz.

Em vez de focar no falso, devemos nos tornar conhecedores da verdade. Encha a sua mente de coisas positivas.

"Não andem ansiosos por coisa alguma, mas em tudo, pela oração e súplicas, e com ação de graças, apresentem seus pedidos a Deus. E a paz de Deus, que excede todo o entendimento, guardará os seus corações e as suas mentes em Cristo Jesus. Finalmente, irmãos, tudo o que for verdadeiro, tudo o que for nobre, tudo o que for correto, tudo o que for puro, tudo o que for amável, tudo o que for de boa fama, se houver algo de excelente ou digno de louvor, pensem nessas coisas." Filipenses 4:6-8

PAUSA PARA PENSAR 3

Leia Efésios 6:10-20. O que será que significa colocar a "armadura de Deus"? São só palavras sem aplicação prática ou é mais do que isso?

Se acordar durante a noite com um sentimento da presença demoníaca no seu quarto, baseado em Tiago 4.7 e no que você aprendeu, que ação ou ações seriam apropriadas da sua parte?

TESTEMUNHA

Como acha que Satanás trabalha nas vidas dos seus amigos não crentes? O que você faria quanto a isso?

NA PRÓXIMA SEMANA

Medita nestas passagens: Mateus 28:18; Efésios1:3-14; Efésios 2:6-10; Colossenses 2:13-15

SESSÃO 8: LIDAR BEM COM AS EMOÇÕES

Parte C — QUEBRAR O PODER DO PASSADO

Deus não muda o nosso passado, mas pela Sua graça Ele nos capacita a andarmos libertos do passado. Esta seção do curso inclui fazer os Sete Passos da Liberdade em Cristo (veja o livro à parte).

BOAS-VINDAS

Você se descreve como uma pessoa emocional?

O que aconteceu no seu passado que resultou em dor ou alegria?

ADORAÇÃO

Ele nos fez tão bem e Ele nos conhece tão bem (Salmo 139).

PALAVRA

Versículo-chave: "Lancem sobre ele toda a sua ansiedade, porque ele tem cuidado de vocês. Sejam sóbrios e vigiem. O diabo, o inimigo de vocês, anda ao redor como leão, rugindo e procurando a quem possa devorar." 1 Pedro 5:7,8

Verdade Central: As nossas emoções são essencialmente um produto dos nossos pensamentos e um medidor da nossa saúde espiritual.

Não podemos controlar diretamente como nos sentimos

Ligação entre o homem interior e o homem exterior

O nosso "eu" interior (alma/espírito) foi designado para funcionar em união com o nosso "eu" exterior (o corpo). A correlação óbvia é entre o cérebro e a mente.

As funções cerebrais são como o "hardware" (as peças que constituem um computador). A mente é como o "software" (programa que faz funcionar o hardware). Na Bíblia a grande ênfase é dada à nossa mente: escolher a verdade, crer na verdade, firmar todo o pensamento, e assim por diante.

O que podemos e o que não podemos controlar

Não podemos controlar diretamente as nossas emoções, mas podemos modificá-las ao longo do tempo ao escolhermos mudar o que podemos controlar, ou seja, aquilo em que acreditamos e a forma como vivemos.

As nossas emoções revelam aquilo em que realmente acreditamos

As nossas emoções estão para a nossa alma, assim como, nossas habilidades para sentir a dor estão para o nosso corpo.

Se aquilo em que **cremos** não reflete a verdade, então o que **sentimos** não refletirá a realidade. Não são os acontecimentos da vida que determinam o que somos ou como nos sentimos, mas sim a nossa própria percepção desses mesmos acontecimentos.

Quanto mais comprometidos estivermos com a verdade e em crer que o que Deus diz é a verdade, mais veremos as nossas circunstâncias na perspectiva de Deus e menos os sentimentos governarão nossas vidas.

Mudar a forma como nos sentimos

A maior causa de estresse para nós crentes é acreditarmos que não há ajuda ou esperança para nós devido às nossas experiências e fracassos passados. Mas nenhum cristão está desamparado ou sem esperança. A cura vem ao reconhecer e crer naquilo que é de fato a verdade.

PAUSA PARA PENSAR 1

O que você pensa sobre a afirmação: "não são as suas circunstâncias que determinam como você se sente, mas, pelo contrário, a sua percepção das circunstâncias". Se você está predisposto a ser esmagado por emoções negativas, como pode encarar as coisas de uma forma mais saudável e alinhar-se à verdade da Palavra de Deus?

Se você luta com as suas emoções, por que não criar uma caixa de Primeiros Socorros espiritual para o ajudar? A ideia é que você junte várias coisas que serão úteis quando se sentir vulnerável e poderá usar quando for necessário. Estas serão coisas que o apontarão para a verdade, tal como um versículo chave para ler, uma pessoa para ligar, uma oração escrita para orar, um livro preferido ou uma passagem de um livro ou ouvir sua música preferida de louvor. Escreva os itens nos espaços abaixo:

A MINHA CAIXA DOS PRIMEIROS-SOCORROS ESPIRITUAIS

Seguir as nossas emoções nos torna vulneráveis ao ataque

Nós não conseguimos transformar os nossos **sentimentos** em bom comportamento. O nosso **comportamento** é que produzirá bons sentimentos. Inicialmente nós escolhemos acreditar na verdade, que por si mesma produzirá bom comportamento, e, com o passar do tempo, produzirá também uma mudança de sentimentos.

Verdade ➡ Crença ➡ Comportamento ➡ Sentimentos

Se falharmos ao lidar com nossas emoções, tais como a ira (ver Efésios 4:26-27) e a ansiedade (ver 1 Pedro 5:7-9), criaremos sérios problemas a nós mesmos.

Três formas de lidarmos com as emoções

Escondê-las (supressão)

Supressão é quando ignoramos as nossas emoções e escolhemos não assumi-las. Essa atitude tem duas características muito negativas: é prejudicial e é desonesta.

Explodir (expressar-se descontroladamente)

Expressarmos ou reagirmos descontroladamente é prejudicial para aqueles que estão à nossa volta.

"Meus amados irmãos, tenham isto em mente: Sejam todos prontos para ouvir, tardios para falar e tardios para irar-se, pois a ira do homem não produz a justiça de Deus." (Tiago 1:19-20)

Ser honesto (reconhecer)

A atitude correta é ser honesto e reconhecer como nos sentimos, primeiramente com Deus, mas também para os outros.

PAUSA PARA PENSAR 2

Quando algo provoca emoções fortes em você, como é que normalmente você lida com isso?

Leia o Salmo 109:6-15. Você acha surpreendente que algo assim esteja na Bíblia? Lembre-se! A Bíblia é a santa, inspirada e perfeita Palavra de Deus! Alguma vez você sentiu isso? Como é que reagiu? Por que é importante contar a Deus o que realmente sente diante das circunstâncias?

Há qualquer coisa que pode contar a Deus que Ele ainda não sabe?

Nós podemos encarar os assuntos das nossas vidas ao focar na verdade ou nos nossos sentimentos. Se começarmos com a verdade da Palavra de Deus e escolhermos acreditar nela, isso vai influenciar o nosso comportamento e, por fim, os nossos sentimentos. Mas se começarmos com os sentimentos, vamos ser levados para uma conclusão muito diferente:

A lista abaixo apresenta três situações que podemos enfrentar, seguidas por uma tabela que mostra o resultado provável se começarmos com a verdade, e uma outra que mostra o que poderá acontecer se começarmos com os sentimentos. Você acha que são realistas?

A. Quando eu enfrento um desafio verdadeiro, posso encará-lo como uma oportunidade para confiar em Deus e crescer ou acreditando que é demais para eu suportar.

B. Quando as pessoas me tratam com frieza eu posso confiar em Deus e aceitá-lO ou posso ficar incerto sobre como devo agir.

C. Quando enfrento pressões financeiras, posso encará-las como uma oportunidade para crescer na fé e provar a fidelidade de Deus, ou posso me sentir ansioso.

Perspectiva Orientada pela Verdade (De cima para baixo)			
VERDADE	**CRENÇA**	**COMPORTAMENTO**	**SENTIMENTOS**
A Deus nunca me deixará entregue a mim mesmo. Isaías 43:2-3	Deus não permite que eu passe por mais do que eu posso aguentar e posso confiar n'Ele para me ajudar.	Isto é uma perspectiva positiva face ao desafios.	Confiança que Deus vai me ajudar.
B Se Deus é por mim quem será contra mim. Romanos 8:31	Eu vou confiar em Deus neste relacionamento.	Eu vou passar por cima das ofensas e vou encorajar os outros.	Confio que Deus vai me dar aprovação à medida que eu precisar dela.
C Tenho contribuído fielmente segundo os meus recursos e Deus tem provido as minhas necessidades. Filipenses 4:19	Tenho certeza que Ele vai fazer isso.	Vou ter uma perspectiva de expectativa e vou fazer o que posso para aumentar os meus rendimentos e baixar as despesas.	Paz e confiança.

Perspectiva Orientada pelos Sentimentos (De baixo para cima)			
SENTIMENTOS	**COMPORTAMENTO**	**CRENÇA**	**PERSPECTIVA DE REALIDADE**
A Esmagado pelas exigências em cima de mim. Exaustão. Não consigo. Depressão.	Fuga.	Sou impotente.	Sou um fracasso perpétuo.
B Sinto-me rejeitado, indesejado.	Reagir ao primeiro sinal de qualquer ofensa real ou imaginária ou afastar-me das pessoas.	Sinto-me indesejável e as pessoas me odeiam.	Como as pessoas não querem estar à minha volta fico ressentido, crítico e torno-me irritável e rabugento.
C Ansioso quanto ao dinheiro	Esforçar-me para ter mais dinheiro, ou ser "agarrado".	Compete só a mim adquirir dinheiro.	Eu não posso fazer isso acontecer – ira; fiz acontecer – orgulho.

Lidar com os traumas do passado

Deus não quer que a dor emocional do nosso passado influencie negativamente o nosso presente.

Permanecemos presos ao passado não pelo trauma em si, mas por causa das mentiras em que acreditamos. Estas mentiras permanecem conosco e se tornam fortalezas.

Os filhos de Deus não são resultado direto do seu passado. Eles são resultado direto da obra de Cristo na cruz e da Sua ressurreição. Ninguém pode corrigir o seu passado, mas podemos ser libertos dele. Podemos fazer uma reavaliação na perspectiva de quem nós agora somos em Cristo. Deus nos liberta ao perdoarmos de coração aqueles que nos fizeram mal.

TESTEMUNHA

Se você se sente zangado, ansioso ou deprimido, acha que é melhor não deixar que os descrentes ao seu redor percebam isso? Por que não?

NA PRÓXIMA SEMANA

Considere a natureza emocional do apóstolo Pedro. Primeiro, repare algumas ocasiões em que ele deixou que as suas emoções o levassem a agir ou falar precipitadamente (Mateus 16:21-23; Mateus 17:1-5; João 18:1- 11). Em seguida, repare como Jesus foi capaz de vê-lo para além daquelas explosões emocionais, enxergando o seu potencial (Mateus 16:17-19). Por fim, veja como isso se tornou verdade quando Pedro, debaixo do poder do Espírito Santo, tornou-se o porta-voz da igreja primitiva (Atos 2:14-41). Nada no seu caráter é tão grande que Deus não possa tirar de lá algo proveitoso!

SESSÃO 9: PERDOAR DE TODO O CORAÇÃO

BOAS-VINDAS

Leia Mateus 18:21-25. Coloque-se no lugar de algumas das personagens da passagem e diga o que mais o impressionou na história.

ADORAÇÃO

O perdão completo de Deus. Hebreus 4.16;

Efésios 3:12; Salmo 103:1-12.

PALAVRA

Versículo-chave:
"Irado, seu senhor entregou-o aos torturadores, até que pagasse tudo o que devia. Assim também lhes fará meu Pai celestial, se cada um de vocês não perdoar de coração a seu irmão." Mateus 18:34, 35

Verdade Central: A fim de experimentar a nossa liberdade em Cristo, nós precisamos nos relacionar com as pessoas que nos rodeiam da mesma maneira que Deus se relaciona conosco, ou seja, na base do perdão e da aceitação completa.

A necessidade de perdoar

"Se vocês perdoam a alguém, eu também perdoo; e aquilo que perdoei, se é que havia alguma coisa para perdoar, perdoei na presença de Cristo, por amor a vocês, a fim de que Satanás não tivesse vantagem sobre nós; pois não ignoramos as suas intenções. 2 Coríntios 2:10-11

Nada o mantém mais preso ao passado do que uma falta de disposição para perdoar.

Nada dá a Satanás maior oportunidade de impedir que uma igreja cresça do que as raízes de amargura que vêm da falta de perdão pessoal.

Deus requer que perdoemos (Mateus 6:9-15)

Temos que aprender a nos relacionar com os outros da mesma maneira que Deus se relaciona conosco.

O perdão é essencial para a nossa liberdade (Mateus 18:21-35)

Deus não quer que os seus filhos se entreguem à amargura e fiquem presos ao passado.

A extensão da nossa própria dívida

Precisamos entender e reconhecer o tamanho da nossa própria dívida.

Aqueles que foram mais perdoados, mais amam. Aqueles que foram pouco perdoados, pouco amam (Lucas 7:47).

A Bíblia diz que o nosso melhor é como panos sujos (Isaías 64:6). Sem Cristo, permanecemos condenados. Todos nós fomos perdoados e muito.

Pagar novamente é impossível

Dez mil talentos era uma soma enorme. Tal como a nossa dívida a Deus era incrivelmente grande.

Misericórdia é exigida

Justiça = dar às pessoas aquilo que elas merecem
Misericórdia = não dar às pessoas o que elas merecem
Graça = dar às pessoas o que elas não merecem

Devemos nos relacionar com os outros da mesma forma que Deus se relaciona conosco.

PAUSA PARA PENSAR 1

Pessoas pensam que os seus pecados não são assim "tão maus" comparados com os de outras pessoas. O que é que você pensa?

Quanto que você tem sido perdoado? Pouco ou muito? Por que é que você pensa assim?

Para que Satanás não tenha vantagem na sua vida (2 Coríntios 2:10-11)

A palavra que Jesus usou para "atormentar" em Mateus 18:34 normalmente se refere ao tormento espiritual no Novo Testamento (Marcos 5:7).

Se nós não perdoarmos, abrimos a porta para a influência demoníaca.

O que significa perdoar de todo o coração?

Jesus nos adverte que se não perdoarmos de coração, vamos sofrer tormento espiritual.

Recomendamos a oração: "Senhor, eu escolho perdoar (nome/s), por (especifica o que foi feito ou não foi feito) o que me fez sentir (verbalmente conta a Deus toda a mágoa e dor que Ele traz à sua mente)."

O perdão precisa ser estendido a outros (Efésios 4:31-32). Contudo, a maior crise é entre nós e Deus.

Nós perdoamos para parar a dor

É para o nosso próprio bem que perdoamos! Pensamos que ao perdoar alguém estamos dando liberdade a essa pessoa – mas se não perdoarmos, nós é que ficamos presos ao passado e à dor.

PAUSA PARA PENSAR 2

Do que ouviu até aqui, o que foi novo para você?

Naturalmente falando, nenhum de nós quer lembrar dos sofrimentos passados. Por que é necessário lembrarmos do passado para perdoarmos genuinamente? Se não concorda, explique-se.

Temos ouvido dizer que a crise de perdão é entre você e Deus, em vez de ser entre você e a pessoa que o magoou. Por que é que muitas vezes não parece que seja assim?

Por que é que, se não houver perdão, não é o ofensor, mas o ofendido que continua sentindo a dor?

O que é o perdão?

Não é esquecer

Não nos livramos da dor simplesmente por tentar esquecê-la. Mas decidimos não usar a ofensa contra a pessoa.

Não é tolerar o pecado

É perfeitamente possível perdoar, e ainda dar passos para pôr fim aos maus tratos contínuos, ao sairmos da situação, ou ao chamarmos as autoridades.

Não é procurar vingança

Perdão não é varrer o que foi feito para baixo do tapete. É simplesmente dar um passo de fé ao entregar tudo a Deus, que é um Juiz Justo e que irá exigir pagamento por aquilo que foi feito. (veja Romanos 12:19)

Resolver viver com a consequência do pecado

Todos temos que conviver com as consequências do pecado de alguém. A única escolha real que temos que fazer é: ficar preso pela amargura, ou viver na liberdade do perdão.

PERDÃO É LIBERTAR UM PRISIONEIRO, PARA DEPOIS DESCOBRIR QUE VOCÊ ERA ESSE MESMO PRISIONEIRO!

PAUSA PARA PENSAR 3

Como é que este estudo o ajudou a mudar de atitude diante do que é ou não é o perdão?

Da próxima vez que alguém o ofender, vai perdoá-lo mais depressa? Se perdoar, vai alguma vez obter justiça daquilo que foi feito? Como?

TESTEMUNHA

Como é que esta questão do perdão pode desafiar alguém que ainda não é crente? De que formas podemos demonstrar perdão a alguém que ainda não conhece Deus?

NA PRÓXIMA SEMANA

Peça ao Espírito Santo para preparar o seu coração ao guiá-lo em toda a verdade e começar revelar a você áreas da sua vida que vão precisar ser trazidas para a luz quando você fizer "Os Passos para a Liberdade em Cristo".

DRAMATIZAÇÃO DE MATEUS 18:21-35

Personagens: Pedro, Jesus, Servo 1, Servo 2, Senhor

Pedro

Senhor, quantas vezes devo perdoar o meu irmão quando ele pecar contra mim? Até sete vezes?

Jesus

Eu digo-te, não sete, mas setenta vezes sete. Por isso, o reino dos céus é semelhante a um rei que resolveu ajustar contas com os seus servos. E, passando a fazê-lo, trouxeram-lhe um que devia dez mil talentos. Não tendo ele, porém, com que pagar, ordenou o senhor que fosse vendido ele, a mulher, os filhos e tudo quanto possuía e que a dívida fosse paga. Então, o servo, ajoelhando-se perante o senhor suplicou:

Servo 1

Seja paciente comigo, e lhe pagarei tudo.

Jesus

E o senhor daquele servo, compadecendo-se, mandou-o embora e perdoou-lhe a dívida. Porém, ao sair, aquele servo encontrou um dos seus conservos que lhe devia cem denários e, agarrando-o, o sufocava, dizendo:

Servo 1

Paga-me o que me deve!

Jesus

Então, o seu companheiro, caindo a seus pés implorou-lhe:

Servo 2	Seja paciente comigo, e lhe pagarei tudo.
Jesus	No entanto, ele recusou, e foi embora lançando o seu companheiro na prisão até que este lhe pagasse a dívida. Ao verem o ocorrido, os seus companheiros ficaram muito tristes e foram contar tudo o que aconteceu ao seu senhor. Sabendo da atitude do servo, o seu senhor o chamou e disse-lhe:
Senhor	Servo malvado! Perdoei toda sua dívida porque me suplicou. Não deveria ter piedade do teu companheiro como eu tive de você?
Jesus	E ficando muito indignado e irritado, o seu senhor o colocou na prisão até que pagasse toda a sua dívida. Assim também o meu Pai celestial fará a cada um de vocês que do fundo do seu coração não perdoar seu irmão.

À medida que avança no Passo 3 (perdão) de "Os Passos para a Liberdade em Cristo" você será encorajado a orar pelas pessoas que necessita perdoar: "Senhor, eu escolho perdoar (nome da pessoa) por (aquilo que a pessoa em causa fez ou não fez), o que me fez sentir (verbalmente conte ao Senhor sobre toda e qualquer mágoa ou dor que ele revele à sua mente)."

Use esta página para escrever as coisas que anotou em frente da frase "o que me fez sentir". Vai ver que algumas delas são fortalezas mentais sobre as quais pode trabalhar. A próxima sessão vai equipá-lo com uma estratégia para poder fazer isto.

SESSÃO 10: ANDAR EM LIBERDADE DIA A DIA

Parte D — Crescer como discípulos

Agarrando nossa Liberdade em Cristo, agora vamos querer crescer para a maturidade. Nesta seção vamos aprender como permanecer firmes, como nos relacionarmos com outras pessoas e como permanecer no caminho de nos parecermos cada vez mais em Jesus.

BOAS-VINDAS

O que achou dos Passos ara a Liberdade em Cristo?

ADORAÇÃO

Ele me libertou! Gálatas 5:1; Salmo 119:45.

PALAVRA

Versículo-chave: "Mas a comida é para os maduros, os que se exercitam a fim de poderem distinguir o bem do mal." Hebreus 5:14

Verdade Central: O nosso sucesso em continuarmos andando em liberdade e crescermos em maturidade depende do quanto conseguimos renovar a nossa mente e de exercitarmos em distinguir o bem do mal.

Crescendo em maturidade

O nosso estado normal deve ser o de crescer em direção à maturidade espiritual, todavia, é muito fácil nos tornarmos "velhos" cristãos sem sermos maduros. (Veja 1 Coríntios 3:1-3)

A diferença entre liberdade e maturidade

"Visto como, pelo seu divino poder, nos tem sido doadas todas as coisas que conduzem à vida e à piedade, pelo conhecimento completo daquele que nos chamou para a sua própria glória e virtude" (2 Pedro 1:3, veja também Efésios 1:3 e Colossenses 2:9-10).

Já temos **tudo o que necessitamos** para nos tornarmos cristãos maduros, porém, isso não acontece automaticamente.

Há uma grande diferença entre liberdade e maturidade. A liberdade pode ser obtida em um tempo relativamente curto, mas a maturidade é um trabalho de uma vida.

Maturidade é um **processo**, porém, liberdade é uma **posição que assumimos** em resposta à vitória de Cristo sobre o pecado e Satanás. Ou nós somos livres, ou somos escravos em várias áreas das nossas vidas. Nós não crescemos na liberdade nestas áreas - nós tomamos posse da liberdade pela autoridade que temos em Cristo, sempre que descobrimos que estamos sendo enganados e oprimidos.

No entanto, se nós primeiramente não assumirmos a nossa liberdade, não podemos avançar para a maturidade.

Três chaves para a maturidade

1. Assumir a nossa responsabilidade pessoal

Deus organizou as coisas de uma certa forma e tem decretado que algumas são da Sua responsabilidade e outras coisas são da nossa responsabilidade. Ele não fará por nós aquilo que nós somos responsáveis por fazer.

Nem Deus, nem mais ninguém, pode se arrepender por nós, acreditar por nós ou perdoar em nosso lugar, pois estas coisas são da nossa responsabilidade.

Se você quiser avançar como cristão, isso é sua responsabilidade, ninguém mais pode fazer isso por você.

Como é que um cristão pode ser transformado? "Pela renovação do nosso entendimento" (Romanos 12:2). De quem é essa responsabilidade? Sua!

A chave para a sua transformação está em suas mãos. Nada, nem ninguém pode impedi-lo de se tornar a pessoa que Deus quer que você seja, exceto você mesmo!

Estas são boas notícias!

Você, sozinho, pode fazer isso. Mas não podemos fazê-lo sozinhos. Precisamos de outras pessoas para nos encorajar, nos amar e nos apoiar, mas, em última instância, cada um de nós é responsável pelo próprio relacionamento com Deus.

PAUSA PARA PENSAR 1

Se cristãos não têm crescido tão rapidamente como poderiam, que tipo de coisas poderiam tê-los impedido? Como é que você se sente quanto ao seu próprio crescimento?

2 Pedro 1:3 diz-nos que já temos tudo o que nós necessitamos para viver a vida cristã (veja também Efésios 1:3 e Colossenses 2:9-10). Por que você acha que isso não é verdadeiro?

Concorda com a frase "você, sozinho, pode fazê-lo, mas você não pode fazê-lo sozinho"? Quando se trata de crescermos na maturidade cristã, quais são algumas coisas da responsabilidade de cada cristão? Como é que outros cristãos podem encorajar-se mutuamente?

2. Renovar as nossas mentes

Tendo resolvido os conflitos pessoais e espirituais usando os "Passos para a Liberdade em Cristo", você poderá muito bem distinguir aquilo que é realmente verdade. No entanto, ainda temos "a velha natureza" que inclui aquelas formas inúteis habituais de pensar baseadas em mentiras. Estas são fortalezas, mas nós temos as armas necessárias para lidar com elas. (veja 2 Coríntios 10:4,5)

Lidar com as mentiras - Derrotar as fortalezas

1. Identifique a mentira em que tem acreditado (qualquer linha de pensamento que não coincide com o que Deus diz sobre você na Bíblia). Neste processo, ignore os seus sentimentos, mas comprometa-se completamente com a verdade de Deus.

2. Encontre o maior número de versículos bíblicos possíveis que afirmam a verdade e anote-os.

3. Escreva os efeitos que essa crença na mentira tem tido na sua vida.

4. Escreva uma oração ou declaração baseada na seguinte fórmula:
   Renuncio à mentira que...
   Declaro a verdade que...

5. Por fim, leia os versículos bíblicos e repita a oração/declaração todos os dias durante 40 dias.

Nota: Há alguns exemplos nas páginas 84 a 86 (mas, se puder, crie a sua própria lista em vez de usar uma que está feita.)

PAUSA PARA PENSAR 2

EXERCÍCIO DE MENTIRA: Veja a lista abaixo das mentiras que as pessoas acreditam acerca de si mesmas. Você consegue descobrir alguns versículos bíblicos que desmentem essas coisas e afirmam a verdade sobre o cristão? Depois escreva na coluna "verdade".

MENTIRA	VERDADE
Não Amado	
Abandonado	
Rejeitado	
Inadequado	
Sem	
Esperança	
Estúpido	
Feio	

Você consegue identificar uma mentira em que tem acreditado? Talvez alguma se tornou visível quando passou pelos passos da Liberdade em Cristo – talvez exista um tema recorrente, uma crença que você sabe que é uma mentira, mas que continua "sentindo" que é verdadeira. Por exemplo: "eu sou um fracasso", "eu não sou capaz", "eu sou indigno", "eu sei que isso vai funcionar para outros, mas não vai funcionar para mim".

Anote a mentira e descreva o efeito de ter acreditado nisso na sua vida. Pense em pelo menos dois ou três versículos bíblicos que contrariam a mentira. Finalmente, escreva "renuncio a mentira que..." e "declaro a verdade que...". Use isto em cada dia nas próximas seis semanas.

3. Assumir uma visão de longo prazo

Renovar a nossa mente leva tempo e esforço. Não há nenhum "penso rápido". Mas você pode ter toda a expectativa de destruir fortalezas à medida que se compromete a cada dia com a verdade da Palavra de Deus.

Treine-se para distinguir o bem do mal

"Os adultos, pelo contrário, alimentam-se de comidas fortes, visto que, por experiência, já chegaram ao ponto de saber distinguir o bem do mal" (Boa-Nova) Hebreus 5:14.

Quando somos íntimos conhecedores da verdade, vamos instantaneamente reconhecer o que é falso.

Corra a corrida

"...mas faço uma coisa: esqueço-me do que ficou para trás e esforço-me por atingir o que está diante de mim. Deste modo caminho em direção à meta para obter o prêmio que Deus nos prometeu dar no céu por meio de Cristo Jesus. Todos nós que já somos adultos na fé devemos pensar assim..." (Filipenses 3:13b-15a).

Precisamos nos comprometer a uma corrida longa. Saiba para onde está indo – maturidade espiritual – e continue a correr em direção a este alvo.

Outros passos práticos...

- Leia "Caminhando em liberdade" de Neil Anderson.
- Desenvolva relacionamentos para prestação de contas.
- Procure apoio para resolver traumas do passado.
- Faça esta sessão novamente!

PAUSA PARA PENSAR 3

Escreva os passos práticos que mantêm a sua liberdade e renove a sua mente.

TESTEMUNHA

Anote as duas coisas mais importantes que aprendeu neste curso até agora. Como explicaria isso a alguém que ainda não é cristão?

NA PRÓXIMA SEMANA

Trabalhe em um "demolidor de fortalezas" para a mentira mais sign ificativa que já descobriu e comece a trabalhar nele.

A mentira: que comer demais traz conforto duradouro.

Efeitos na minha vida: prejudicial à saúde; ganho de peso; dando ao inimigo uma entrada; parar o meu crescimento rumo à maturidade.

"Como uma cidade sem defesa nem muralhas é o homem que não domina os seus impulsos." Provérbios 25:28

"Por isso digo: vivam pelo Espírito, e de modo nenhum satisfarão os desejos da carne." Gálatas 5:16

"O Espírito, pelo contrário, produz amor, alegria, paz, paciência, amabilidade, bondade, fidelidade, modéstia, autodomínio. E contra estas coisas não há lei." Gálatas 5:22

"Bendito seja Deus, o Pai de nosso Senhor Jesus Cristo, Pai cheio de compaixão e Deus sempre pronto a confortar-nos. Ele nos conforta em todas as nossas aflições. E assim, com o mesmo conforto que d'Ele temos recebido, podemos confortar também aqueles que estiverem a passar por qualquer espécie de aflição." 2 Coríntios 1:3-4

"Eu te bendirei enquanto viver, e em teu nome levantarei as minhas mãos. A minha alma ficará satisfeita como de rico banquete; com lábios jubilosos a minha boca te louvará." Salmos 63:4-5

"Seja o seu amor o meu consolo, conforme a sua promessa ao teu servo!" Salmos 119:76

Senhor, renuncio à mentira que comer muito traz conforto duradouro. Declaro a verdade que o Senhor é o Deus de toda a consolação e que o Seu amor infalível é o meu único e legítimo conforto. Afirmo que vivo agora pelo Espírito e não necessito satisfazer as vontades da carne. Quando sentir que necessito de conforto, em vez de me voltar para a comida, escolho louvá-lO e fico tão satisfeito como com os mais ricos alimentos. Enche-me novamente com o Seu Espírito Santo e viva através de mim à medida que cresço em domínio próprio. Amém.

Conte os dias:

1	2	3	4	5	6	7	8	9
10	11	12	13	14	15	16	17	18
19	20	21	22	23	24	25	26	27
28	29	30	31	32	33	34	35	36
37	38	39	40					

A mentira: que eu estou abandonado e esquecido.

Efeitos na minha vida: afastamento dos outros; pensar que os outros não gostam de mim; parecer alienado; aterrorizado.

"Sejam fortes e corajosos. Não tenham medo nem fiquem apavorados por causa deles, pois o Senhor, o seu Deus, vai com vocês; nunca os deixará, nunca os abandonará." Deuteronômio 31:6

"Mesmo na sua velhice, quando tiverem cabelos brancos, sou eu aquele, aquele que os susterá. Eu os fiz e eu os levarei; eu os susterei e eu os salvarei." Isaías 46:4

"Porque sou eu que conheço os planos que tenho para vocês", diz o Senhor, "planos de fazê-los prosperar e não de lhes causar dano, planos de dar- lhes esperança e um futuro." Jeremias 29:11

"Pois estou convencido de que nem morte nem vida, nem anjos nem demônios, nem o presente nem o futuro, nem quaisquer poderes, nem altura nem profundidade, nem qualquer outra coisa na criação será capaz de nos separar do amor de Deus que está em Cristo Jesus, nosso Senhor." Romanos 8:38- 39

Querido Pai Celestial, renuncio à mentira de que eu estou abandonado e esquecido e que serei deixado de lado.

Declaro a verdade de que o Senhor me ama, que tem planos para me dar uma esperança e um futuro e que não há absolutamente nada que possa me separar do Seu amor.

Em Nome de Jesus. Amém.

Conte os dias:								
1	2	3	4	5	6	7	8	9
10	11	12	13	14	15	16	17	18
19	20	21	22	23	24	25	26	27
28	29	30	31	32	33	34	35	36
37	38	39	40					

A mentira: que eu não posso resistir à tentação de olhar a pornografia na internet.

Efeitos na minha vida: sentimento profundo de vergonha; sentimentos sexuais distorcidos; incapacidade de me relacionar com outras pessoas como Deus planejou; prejudicial ao meu casamento.

"Da mesma forma, considerem-se mortos para o pecado, mas vivos para Deus em Cristo Jesus. Portanto, não permitam que o pecado continue dominando os seus corpos mortais, fazendo que vocês obedeçam aos seus desejos. Não ofereçam os membros dos seus corpos ao pecado, como instrumentos de injustiça; antes ofereçam-se a Deus como quem voltou da morte para a vida; e ofereçam os membros dos seus corpos a ele, como instrumentos de justiça.

Pois o pecado não os dominará, porque vocês não estão debaixo da lei, mas debaixo da graça." Romanos 6:11-14

"Acaso não sabem que o corpo de vocês é santuário do Espírito Santo que habita em vocês, que lhes foi dado por Deus, e que vocês não são de si mesmos?" 1 Coríntios 6:19

"Não sobreveio a vocês tentação que não fosse comum aos homens. E Deus é fiel; ele não permitirá que vocês sejam tentados além do que podem suportar. Mas, quando forem tentados, ele lhes providenciará um escape, para que o possam suportar." 1 Coríntios 10:13

"Por isso digo: vivam pelo Espírito, e de modo nenhum satisfarão os desejos da carne." Gálatas 5:16

"Mas o fruto do Espírito é: amor, gozo, paz, longanimidade, benignidade, bondade, fé, mansidão, temperança." Gálatas 5:22

Eu renuncio à mentira de que não posso resistir à pornografia na internet. Eu declaro a verdade de que Deus sempre irá providenciar um escape quando sou tentado e eu escolherei usá-lo. Declaro a verdade de que se eu viver pelo Espírito– e eu escolho fazer - eu não vou satisfazer os desejos da minha carne, pelo contrário, darei o fruto do Espírito, inclusive, o autodomínio irá crescer em mim. Eu me considero morto para o pecado e recuso permitir que o pecado reine em meu corpo ou seja o meu mestre. Hoje e em cada dia entrego o meu corpo a Deus como templo do Espírito Santo para ser usado apenas naquilo que é certo. Declaro que o poder do pecado está quebrado em mim. Eu escolho me submeter a Deus e resistir ao Diabo que agora deverá fugir de mim.

Conte os dias:								
1	2	3	4	5	6	7	8	9
10	11	12	13	14	15	16	17	18
19	20	21	22	23	24	25	26	27
28	29	30	31	32	33	34	35	36
37	38	39	40					

BOAS-VINDAS

De tudo o que já foi abordado ao longo deste curso, o que mais o marcou?

ADORAÇÃO

Agradeça a Deus pelas pessoas que Ele introduziu em sua vida. 1 João 3:16

PALAVRA

Versículo-chave:
"Respondeu Jesus: 'Ame o Senhor, o seu Deus de todo o seu coração, de toda a sua alma e de todo o seu entendimento'. Este é o primeiro e maior mandamento. E o segundo é semelhante a ele: 'Ame o seu próximo como a si mesmo'. Destes dois mandamentos dependem toda a Lei e os Profetas." Mateus 22:37-40

Verdade central: Como discípulos de Cristo, devemos assumir a responsabilidade pelo nosso caráter e procurar nos adaptar às necessidades dos outros, e não o contrário.

Entender a graça

"Nós amamos porque Ele nos amou primeiro." 1 João 4:19

"Nós damos livremente porque recebemos livremente." Mateus 10:8

"Nós somos misericordiosos porque Ele tem sido misericordioso para nós." Lucas 6:36

"Nós perdoamos porque Ele nos perdoou." Efésios 4:32

As nossas responsabilidades para com os outros

"Quem é você para julgar o servo alheio? É para o seu senhor que ele está de pé ou cai. E ficará de pé, pois o Senhor é capaz de o sustentar." Romanos 14:4

"Nada façam por ambição egoísta ou por vaidade, mas humildemente considerem os outros superiores a si mesmos. Cada um cuide, não somente dos seus interesses, mas também dos interesses dos outros.

Seja a atitude de vocês a mesma de Cristo Jesus." Filipenses 2:3-5

Cada pessoa é responsável pelo seu próprio **caráter** e por satisfazer as **necessidades** dos outros.

Estar consciente dos nossos próprios pecados

Quando olhamos para Deus e para quem Ele é, não nos tornamos conscientes do pecado dos outros, mas do nosso próprio pecado. Contudo, quando estamos "mornos" em nosso relacionamento com Deus, temos a tendência de ignorar o nosso próprio pecado, mas estamos muito conscientes dos pecados dos outros.

Focar nas responsabilidades em vez dos direitos

Em qualquer relacionamento, temos tanto direitos como responsabilidades. Em quais devemos dar maior ênfase?

Será que os maridos têm o direito de esperar que as suas esposas sejam submissas? Ou terão a responsabilidade de amar as suas esposas como Cristo amou a Igreja?

As esposas têm o direito de esperar que os seus maridos as amem? Ou terão a responsabilidade de amar e respeitar os seus maridos, que por sua vez têm a responsabilidade de serem o cabeça do lar?

Será que os pais têm o direito de esperar que os seus filhos sejam obedientes? Ou terão o dever de educá-los, fazê-los crescer sobre as instruções do Senhor e discipliná-los quando são desobedientes?

Por sermos membro de uma igreja local, temos o direito de criticar os outros? Ou esse fato nos dá a responsabilidade de nos submetermos aos que estão em autoridade sobre nós e de nos relacionarmos com os outros, com o mesmo amor e aceitação que recebemos de Cristo?

Quando enfatizamos os nossos direitos mais do que as nossas responsabilidades em qualquer relacionamento, espalhamos as sementes da destruição.

Ao aprendermos a não focarmos nas falhas dos outros e escolhermos pensar bem neles, é muito mais fácil a longo prazo, do que estarmos sempre nos sentindo maltratados e traídos.

PAUSA PARA PENSAR 1

Como é que você resume a sua responsabilidade com as outras pessoas? Por que temos a tendência de julgar os outros e satisfazer as nossas próprias necessidades?

Se você acha que está se tornando cada vez mais crítico em relação aos outros e inconsciente dos seus próprios pecados, qual é o problema e como os resolveria?

E quando os outros erram?

Todos têm dificuldades em admitir o seu próprio pecado.

Fazer a função do Espírito Santo na vida de outra pessoa não vai funcionar.

Disciplinar sim, julgar não

"Não julguem, para que vocês não sejam julgados. Pois da mesma forma que julgarem, vocês serão julgados; e a medida que usarem, também será usada para medir vocês." Mateus 7:1-2

"Irmãos, se alguém for surpreendido em algum pecado, vocês, que são espirituais deverão restaurá-lo com mansidão. Cuide-se, porém, cada um para que também não seja tentado." Gálatas 6:1

Aprendemos que não devemos julgar, e sim disciplinar.

Julgar está sempre relacionado com o **caráter**, enquanto disciplinar está relacionado com o **comportamento.**

Chamar alguém de "estúpido", "desastrado", "orgulhoso" ou "malvado" é um ataque ao **caráter** dessa pessoa e não proporciona um caminho para seguir em frente.

Ao identificar o comportamento pecaminoso na vida de alguém, o objetivo é dar a essa pessoa algo com que possa trabalhar, por exemplo: "Tem razão, o que acabei de dizer não é verdade, peço desculpas".

Disciplina e castigo não são a mesma coisa

Enquanto o castigo olha para o que já passou, a disciplina tem o olhar virado para o futuro.

A disciplina de Deus é uma prova do seu amor e é concebida para trazer "colheita de justiça" (Hebreus 12:5-11).

O objetivo da disciplina não é castigar, mas sim ajudar a nos tornar mais como Jesus.

Quando somos atacados

"O qual, quando o injuriavam, não injuriava e, quando padecia, não ameaçava, mas entregava-se àquele que julga justamente." 1 Pedro 2:23

Se você está errado, não tem defesa. Se está certo, não precisa de se defender. Cristo é a sua defesa.

Autoridade e prestação de contas

De que forma Deus se revelou a você pela primeira vez (diga a ordem no seu caso)?

- **Autoridade**
- **Prestação de contas**
- **Afirmação**
- **Aceitação**

"Mas Deus prova o seu amor para conosco em que Cristo morreu por nós, sendo nós ainda pecadores." Romanos 5:8

A aceitação vem primeiro e depois a afirmação: "O próprio Espírito testemunha ao nosso espírito que somos filhos de Deus." Romanos 8:16

Se pessoas que ocupam o lugar de autoridade exigirem prestação de contas sem darem afirmação ou aceitação, nunca a terão.

PAUSA PARA PENSAR 2

Por que é insensato tentarmos ser a consciência de outra pessoa? O que poderá acontecer se tentarmos?
Qual a diferença entre julgar, castigar e disciplinar?
Na próxima vez que alguém o acusar, qual seria uma boa resposta?

Devemos expressar as nossas necessidades?

Se temos necessidades em um relacionamento que não estão sendo satisfeitas, é importante comunicar com as pessoas e dizer quais são essas necessidades. Contudo, uma necessidade deve ser declarada como uma necessidade e não como um julgamento.

Colhemos o que semeamos

Deus nos colocou em comunidade porque é assim que nós crescemos. Cada um de nós precisa ser amado, aceito e afirmado. Estas são necessidades legítimas.

Jesus disse, "Mais bem-aventurada coisa é dar do que receber" (Atos 20:35). Não podemos ajudar alguém de forma sincera sem ajudarmos a nós mesmos ao longo do processo.

"Deem, e lhes será dado: uma boa medida, calcada, sacudida e transbordante será dada a vocês. Pois a medida que usarem, também será usada para medir vocês." Lucas 6:38

Se quiser que alguém o ame, ame alguém. Se quiser um amigo, seja um amigo.

As pessoas são ilógicas, centradas em si próprias, desproporcionadas, egoístas. Ame-as de qualquer forma.

Se fizer o bem, as pessoas o acusarão de motivos egoístas e de segundas intenções. Faça o bem de qualquer forma.

Se for bem-sucedido, ganhará amigos falsos e verdadeiros inimigos. Seja bem-sucedido de qualquer forma.

O bem que faz hoje será esquecido amanhã. Faça o bem de qualquer forma.

A honestidade e a franqueza o torna vulnerável. Seja honesto e franco de qualquer forma.

As grandes pessoas com grandes ideias podem ser colocadas abaixo pelas pessoas menores e com as mentes pequenas. Pense grande de qualquer forma.

As pessoas favorecem aqueles que têm mais necessidades, mas apenas seguem aqueles que têm e podem tudo. Lute pelos mais desfavorecidos de qualquer forma.

O que demora anos para ser construído, pode ser destruído em uma noite. Construa de qualquer forma.

As pessoas precisam mesmo de ajuda, mas poderão atacá-lo se as ajudar. Ajude-as de qualquer forma.

Dê ao mundo o melhor que tem, não irão agradecê-lo, irão apenas se aproveitar ao máximo de você estando dispostos a se livrarem de você na primeira oportunidade. Dê ao mundo o seu melhor de qualquer forma.

PAUSA PARA PENSAR 3

Quais são as necessidades legítimas que todos nós temos e como é que podemos expressá-las sem sermos apunhalados pelas costas?

O que você acredita que está errado com as seguintes afirmações? Como poderiam ser mais bem expressas?

"Você sempre deixa para eu lavar a louça depois do jantar e vai assistir televisão. Você é tão egoísta e preguiçoso."

"O seu quarto é uma bagunça. Está sempre desarrumado! Você é um preguiçoso. Tenho pena da pessoa que vai se casar com você."

TESTEMUNHA

Como você pode ser um bom vizinho para aqueles que vivem em sua rua? Como conhecê-los melhor, de modo que percebam quais são as suas **necessidades?**

NA PRÓXIMA SEMANA

Leia Lucas 6:27-41. Durante esta sessão, talvez tenha ficado convencido da sua necessidade de se relacionar de maneira diferente com a sua família, amigos e vizinhos. Talvez queira procurar o perdão de outros. Se sentir esta convicção vinda do Senhor, então procure essa(s) pessoa(s) e peça a ela (s) o seu perdão, declarando, claramente, que o que fez estava errado. (Não faça através de um email, carta ou SMS, você poderá ser mal-interpretado, ou usado contra você).

SESSÃO 12: PARA ONDE VAI?

BOAS-VINDAS

O que gostaria de fazer antes do fim da sua vida?

ADORAÇÃO

Ele estará conosco sempre. Hebreus 13:5,6; Salmos 94.14; Mateus 28.20

PALAVRA

Versículo-chave:
"Ora, o fim do mandamento é a caridade de um coração puro, e de uma boa consciência, e de uma fé não fingida." 1 Timóteo 1:5

Verdade Central:
Nada nem ninguém pode nos impedir de sermos a pessoa que Deus nos criou para ser.

A sua caminhada cristã é o resultado daquilo que você acredita

Todos acreditamos que certas coisas nos darão satisfação, significado, divertimento etc. Contudo, será que essas coisas nos darão o que esperávamos, ou será que os alvos que temos desenvolvido são, de alguma forma, defeituosos?

Nesta sessão usamos o termo "alvos" para nos referirmos aos resultados que acreditamos fundamentais para a compreensão de quem nós somos, esses resultados pelos quais medimos a nós mesmos.

Os sentimentos são o sistema de aviso de Deus

Deus nos equipou com um sistema de feedback que chama a nossa atenção, para que possamos verificar a validade da direção que estamos tomando: as nossas emoções.

Quando uma experiência ou um relacionamento faz com que nos sintamos zangados, ansiosos ou deprimidos, essas demonstrações emocionais servem para nos alertar sobre a possibilidade de estarmos trabalhando em direção a um alvo defeituoso, baseado numa crença errada.

Ira indica um alvo bloqueado

Se você não quer ficar zangado, livre- se de qualquer alvo que possa ser bloqueado por outras pessoas ou circunstâncias que você não tenha direito ou capacidade de controlar.

Ansiedade indica um alvo incerto

Depressão indica um alvo impossível

Nós podemos, é claro, estar deprimidos por razões bioquímicas, mas, se não existe nenhuma causa física detectada, então a depressão é normalmente baseada em uma sensação de falta de esperança ou incapacidade porque temos alvos que parecem impossíveis de serem alcançados.

PAUSA PARA PENSAR 1

Você concorda com a ideia de que as suas emoções poderão indicar se os seus alvos estão de acordo com a vontade de Deus ou não?

Qual a reação típica das pessoas perante alvos bloqueados?

Qual a sua tendência quando não consegue fazer o que quer de maneira satisfatória, ou quando algo ou alguém o impede de fazer o que quer fazer?

Depressões frequentemente são o resultado de percepções negativas relativas ao futuro, às nossas circunstâncias ou a nós mesmos. Como é que essas percepções (crenças) podem ser superadas pela fé em Deus?

Reações erradas quando os nossos alvos são frustrados

Se acreditamos que o nosso sentimento de valor está dependendo de outras pessoas e das circunstâncias, tentamos manipular essas pessoas e **circunstâncias**.

Transformando alvos maus em alvos bons

Se Deus tem um alvo para a sua vida, será que ele pode ser bloqueado, ou será que a sua concretização é incerta ou impossível? Não!

Nenhum alvo dado por Deus poderá, por isso, ser dependente de pessoas ou circunstâncias que não têm o direito nem a capacidade de controlar.

O que é que fazemos com um alvo cujo cumprimento é em si mesmo uma coisa boa, mas que depende de eventos ou circunstâncias que não conseguimos controlar? Nós precisamos reduzi-lo em nosso pensamento, um alvo no qual a nossa essência dependente, para o qual podemos chamar " um desejo divino".

A diferença entre um "alvo" e um "desejo"

Um alvo divino (vindo de Deus) é qualquer orientação específica que reflete o propósito de Deus na sua vida e cuja realização não depende de pessoas ou das circunstâncias que estão para além da sua capacidade ou direito de controlar.

Um desejo divino é qualquer resultado específico que depende da cooperação de outras pessoas, do sucesso de eventos, ou das circunstâncias favoráveis que você não tem a capacidade ou o direito de controlar.

A diferença crucial é que você não pode basear o seu sucesso ou sentido de valor nos seus desejos, mesmo sendo divinos como se parecem, porque você não consegue controlar a sua realização.

No entanto, a única pessoa que pode bloquear um alvo divino ou torná-lo incerto ou impossível é você.

O alvo de Deus para a nossa vida

2 Pedro 1.3-10 começa dizendo o que já foi feito por nós:

- Nós temos tudo o que precisamos para a vida e santidade;
- Nós participamos da natureza de Deus;
- Nós estamos fugindo da corrupção do mundo.

Se você tem vivido a sua vida cristã sem compreender o que foi feito por você, você simplesmente "irá se esforçar muito". O alvo de Deus é baseado naquilo que já foi feito por Cristo.

"Pelo poder de Deus é guardado, mediante a fé, para a salvação, preparada para se revelar no último tempo. Nisto o exultará, ainda que no presente, por breve tempo, se necessário, sejam contristados por várias dificuldades. Essas são para que a prova da fé, sejam mais preciosas do que o ouro que perece, embora provado pelo fogo, redunde para louvor, glória e honra na revelação de Jesus Cristo. Embora não tem conhecimento, ame-o e embora não o veja, creia nele e exultai com gozo inexplicado e cheio de glória." (1 Pedro1:5-8)

Esta é uma lista de atributos de caráter. A preocupação primária de Deus não é tanto o que você faz, mas quem você é. O Seu alvo para nós tem a ver com o nosso caráter.

O alvo que Deus tem para cada cristão pode ser definido como: nos tornar mais e mais como Jesus no que se refere ao caráter.

Dificuldades nos ajudam a ir em direção ao alvo

"E não somente isto, mas também nos gloriamos nas tribulações, sabendo que a tribulação produz a paciência; e a paciência, a experiência; e a experiência, a esperança." Romanos 5:3-4

"Meus irmãos, considerem motivo de grande alegria o fato de passarem por diversas provações, pois vocês sabem que a prova da sua fé produz perseverança. E a perseverança deve ter ação completa, a fim de que vocês sejam maduros e íntegros, sem lhes faltar coisa alguma." Tiago 1:2-4

As dificuldades que enfrentamos são, de fato, o meio de atingirmos o alvo supremo de sermos mais como Jesus. Se perseverarmos nas dificuldades, o resultado será um caráter aperfeiçoado.

Ocasionalmente, precisamos de experiências marcantes, mas o terreno fértil para crescimento são os "vales" e não o topo das montanhas.

PAUSA PARA PENSAR 2

Quais os benefícios para a sua liberdade e bem-estar emocional, quando se aprende a distinguir os alvos de Deus e os desejos de Deus?

Qual o alvo principal de Deus em sua vida? Por que é que ele não pode ser bloqueado?

Dá um sentimento de liberdade e convicção saber que nada nem ninguém pode impedir você de ser a pessoa que Deus o criou para ser? Por quê?

Quando o nosso alvo é o amor

Paulo diz: "O objetivo...é fazer com que eles vivam no amor" (1 Timóteo 1:5 BN). Amor é o caráter de Deus, porque Deus é amor (1 João 4:7-8).

Se fizer com que o seu alvo principal seja cultivar um caráter semelhante ao de Deus, então o fruto do Espírito que será produzido em você será o amor: a ira dará lugar à paz; a ansiedade dará lugar à paciência e a depressão dará lugar à alegria.

TESTEMUNHA

Como distinguir alvos e desejos pode ajudá-lo a ser uma testemunha mais efetiva?

NA PRÓXIMA SEMANA

Tire algum tempo para avaliar a sua fé e complete as perguntas da página102 **"No que acredito?"**

Não precisa compartilhar com o restante do grupo, porém, pense seriamente em como poderá completar as frases.

No que realmente eu acredito?

	Baixo				Alto
1. Quão bem-sucedido sou?	1	2	3	4	5

Seria mais bem-sucedido se...

2. Quão significante sou?	1	2	3	4	5

Seria mais significante se...

3. Quão realizado sou?	1	2	3	4	5

Seria mais realizado se...

4. Quão satisfeito sou?	1	2	3	4	5

Seria mais satisfeito se...

5. Quão feliz sou?	1	2	3	4	5

Seria mais feliz se...

6. Será que estou me divertindo?	1	2	3	4	5

Eu me divertiria mais se ....

7. Quão seguro sou?	1	2	3	4	5

Eu me sentiria mais seguro se..

8. Sinto-me em paz?	1	2	3	4	5

Estaria mais em paz se..

SESSÃO 13: PERMANECER NO CAMINHO CERTO

BOAS-VINDAS

Alguma vez você foi levado a acreditar em alguma coisa que, afinal, não era verdade?

ADORAÇÃO

Louve a Deus porque Ele é capaz de completar o trabalho que começou em nós. Filipenses 1:6; Judas 24

PALAVRA

Versículo-chave: "Não digo isto por precisar de alguma coisa, pois aprendi a contentar-me com o que tenho. Sei viver na pobreza e também na abundância. Aprendi a viver em toda e qualquer situação: a ter fartura e a ter fome, a ter em abundância e a não ter o suficiente. Posso enfrentar todas as dificuldades n'Aquele que me fortalece. Contudo, fizeram bem em compartilhar as minhas dificuldades." Filipenses 4: 11-13

Verdade Central: Se quisermos realmente ser bem-sucedidos, realizados, satisfeitos etc., precisaremos descobrir e nos livrar de crenças falsas e do que está por trás delas, e nos comprometermos em acreditar na verdade e na Bíblia.

Para mim, o viver é....

Paulo diz: "Para mim, o viver é Cristo e o morrer é ganho." Filipenses 1:21

Mas:

- Para mim, o viver é a minha carreira, morrer é perda.
- Para mim, o viver é a família, morrer é perda.
- Para mim, o viver é o ministério cristão bem-sucedido, morrer é perda.

Quando o alvo da nossa vida é simplesmente Cristo e nos tornarmos como Ele, então, quando morrermos, tudo ficará ainda melhor!

No que eu realmente acredito?

O questionário "No que eu realmente acredito" da página 102 vai ajudá-lo a perceber no que realmente acredita. Neste momento, você está vivendo por fé, de acordo com o que acredita? A questão é, será que as suas crenças trarão sucesso, significância etc. Estão de acordo com o que Deus diz?

Quanto mais avançamos na nossa caminhada com Cristo, mais importante é a certeza de que o nosso sistema de crenças está baseado no que realmente é a verdade.

Sucesso vem de termos alvos certos

O alvo de Deus na sua vida começa com quem você é, baseado naquilo em que Deus fez por você (veja 2 Pedro 1:3-10).

Começamos com o que acreditamos (fé). Então, a nossa tarefa principal é adotar cuidadosamente os alvos do caráter de Deus – bondade (excelência moral), sabedoria, domínio próprio, perseverança, piedade, carinho fraternal e amor cristão – e aplicá-los às nossas vidas. Se o nosso foco estiver nos alvos de Deus, teremos sucesso nos parâmetros de Deus.

Alcançar os alvos de Deus não depende de outras pessoas, talentos, inteligência ou dons. Todo cristão pode saber quem ele é em Cristo e crescer em caráter.

Para Josué, sucesso dependia completamente de apenas um aspecto: se ele vivia ou não de acordo com o que Deus tinha dito (Josué 1:7,8).

Sucesso é aceitar o alvo de Deus para as nossas vidas e pela Sua graça nos tornarmos o que Ele nos chamou para ser.

Significação vem do devido uso de tempo

O que está esquecido com a passagem do tempo é de pouca importância. O que é lembrado pela eternidade é de grande importância.

"Se o edifício construído por alguém resistir, essa pessoa receberá um prêmio." 1 Coríntios 3:14

"Exercite-se na piedade. O exercício físico é de pouco proveito; a piedade, porém, para tudo é proveitosa, porque tem promessa da vida presente e da futura." 1 Timóteo 4:7,8

Se você deseja aumentar a sua significância, foque suas energias em atividades significativas - as que permanecerão para a eternidade.

Realização vem de servir os outros

"Cada um, como bom administrador dos bens de Deus, coloque à disposição dos outros a graça que Ele recebeu." 1 Pedro 4:10

Realização é: descobrir como somos únicos em Cristo e usar os nossos dons e talentos para inspirar outros a glorificar o Senhor.

A chave é: descobrir os papéis que ocupamos e nos quais não podemos ser substituídos, e em seguida decidir ser a pessoa que Deus quer que sejamos nesses papéis.

Satisfação vem de viver uma vida de qualidade

"Bem-aventurados os que têm fome e sede de justiça, porque serão fartos." Mateus 5:6

A satisfação é uma questão de qualidade, e não quantidade. A chave para a satisfação pessoal não é encontrada em fazer mais coisas, mas em aprofundar o nosso compromisso por qualidade naquilo que fazemos.

A satisfação vem de se viver com justiça, procurando elevar o nível de qualidade nos nossos relacionamentos e naquilo que fazemos.

O que marcou você diante do que acabamos de ouvir? Por quê? Como cristãos, no que se baseia o nosso sucesso?

O que é que o mundo chama de significante? A luz da eternidade é insignificante?

Como é que você pode viver uma vida mais realizada?

Dê um exemplo de uma situação em que se sentiu realmente satisfeito com algo que fez ou recebeu. Por que se sentiu tão satisfeito?

Felicidade vem de desejar aquilo que já temos

A felicidade, segundo o mundo, é ter aquilo que queremos. No entanto, a verdadeira felicidade é querer aquilo que já temos.

"De fato, grande fonte de lucro é a piedade com o contentamento. Porque nada temos trazido para o mundo, nem coisa alguma podemos levar dele. Tendo sustento e com que nos vestir, estaremos contentes." 1 Timóteo 6:6-8

Se o nosso foco está naquilo que não temos, seremos infelizes. Se começarmos a apreciar aquilo que já temos, estaremos felizes para o resto da nossa vida.

Divertimento vem de aproveitarmos a vida momento a momento

O divertimento vem de colocarmos de lado as inibições e sermos espontâneos. O segredo é remover os obstáculos não bíblicos, tal como a necessidade de se manter as aparências.

É muito mais divertido agradar a Deus do que agradar às pessoas.

Segurança vem de focar nos valores eternos

Nos sentimos inseguros quando dependemos de coisas terrenas que não temos nem o direito, nem a habilidade de controlar. Apenas encontraremos verdadeira segurança na vida eterna de Cristo.

Jesus disse que ninguém pode nos tirar das Suas mãos (João 10:27-29) e Paulo declarou que nada nos pode separar do amor de Deus em Cristo (Romanos 8:35-39). Quão mais seguros podemos estar do que isto?

Todas as "coisas" que agora temos iremos um dia perder. Jim Elliot disse: "Não é nenhum tolo quem desiste daquilo que não pode guardar para que possa ganhar aquilo que não pode perder." (Veja também Filipenses 3:7,8)

Paz vem de acalmar a tempestade interior

Se nós procuramos paz em circunstâncias externas, ficaremos desapontados.

A paz de Deus é interna, não externa.

Paz **com** Deus é algo que já temos (Romanos 5:1). A paz **de** Deus é algo que devemos guardar todos os dias em nosso íntimo.

Podemos ter a paz interna de Deus, mesmo no meio das tempestades que assombram o mundo exterior.

"Deixo-lhes a paz; a minha paz lhes dou. Não a dou como o mundo a dá. Não se perturbem os seus corações, nem tenham medo." João 14:27

Hoje é o primeiro dia do resto da sua vida

Andar pela fé resulta em tomar uma decisão todos os dias em acreditar naquilo que Deus diz ser a verdade e viver assim pelo poder do Espírito Santo.

Você sairá daqui com a certeza que:

- É filho de Deus e Ele se alegra em você.
- Independentemente das suas circunstâncias, ele está intimamente preocupado com a sua vida e tem planos para dar a você esperança e um futuro (Jeremias 29.11).
- Nada nem ninguém nos pode impedir de nos tornarmos a pessoa que Deus quer que nos tornemos – depende apenas da sua decisão de se adaptar ao alvo de Deus para a sua vida.
- Tem mais a ver com o que você é do que com o que você faz.

Este texto foi escrito por alguém que decidiu levar Deus a sério:

Pertenço à "comunidade daqueles que não têm vergonha". Tenho o poder do Espírito Santo. Os dados já foram lançados. Já cruzei a linha. Tomei a minha decisão. Sou um discípulo dele. Não vou olhar para trás, nem recuar, ceder ou parar. O meu passado foi redimido, o meu presente faz sentido, e o meu futuro está seguro. Chega de viver abaixo do ideal, viver pela vista, planos pequenos, joelhos macios, sonhos sem cor, visões controladas, conversa mundana, um dar miserável e alvos diminuídos!

Já não preciso de preeminência, prosperidade, posição, promoções, aplausos ou popularidade. Não preciso estar certo, sair em primeiro lugar, ou em cima de uma situação. Não preciso ser reconhecido, louvado, respeitado, recompensado. Vivo agora pela presença, aprendo pela fé, amo pela paciência, levanto pela oração e trabalho pelo poder.

A minha face está decidida, o meu andar rápido, meu alvo o Céu, meu caminho estreito, meu andar difícil, meus companheiros, poucos, meu guia é alguém de confiança, minha missão é clara. Não posso ser comprado, comprometido, desviado, atraído para outra direção, voltar atrás, diluído ou atrasado. Não vou estremecer perante o sacrifício, hesitar na presença da adversidade, negociar sobre a mesa do inimigo, ponderar perante o poço da popularidade ou me desviar pelo labirinto da mediocridade.

Não vou desistir, me calar, abrandar ou desistir até ter pregado, orado, pago, armazenado e mantido firme pela causa de Cristo.

Sou um discípulo de Jesus. Devo ir até Ele, dar até não poder dar mais, pregar até que todos saibam e trabalhar até Ele parar.

E quando Ele voltar para aqueles que são Seus, não terei problemas em me reconhecer. As minhas cores estarão bem claras.

O que fazemos por Deus não será para ganhar a Sua aprovação ou provarmos a nós mesmos. Será simplesmente porque O amamos, porque Ele nos amou primeiro.

O resto da sua vida está à sua frente. Você pode se tornar a pessoa que Deus quer que seja. Nada nem ninguém pode se meter à sua frente!

PAUSA PARA PENSAR 2

Se felicidade é "querer o que se tem" em vez de ter o que se quer, como é que você pode mudar o seu pensamento em relação à sua situação?

O divertimento pode ser momentâneo, mas a alegria de Deus dura para sempre. Como você pode experimentar a alegria do Senhor e fazer a sua experiência como cristão mais interessante?

O que é que causa nas pessoas o sentimento de insegurança? Como é que você pode se sentir mais seguro?

Para reflexão individual – escreva duas das oito áreas do questionário "Em que você Acredita" que são mais desafiantes para você. Como é que pode progredir nessas áreas?

TESTEMUNHA

Escolha duas ou três das oito áreas que consideramos. Como é que os descrentes à sua volta seriam afetados caso colocasse esses princípios em prática?

NA PRÓXIMA SEMANA

Descubra quais das oito áreas são os maiores desafiospar a você no questionário que se encontra "No que realmente eu acredito?". Passe algum tempo lendo as passagens relevantes para essas áreas no "Linhas Orientadoras de Deus para a Caminhada de Fé", na página seguinte. Você pode utilizá-las para desenvolver um demolidor de fortalezas para a contínua renovação da sua mente.

Sucesso vem dos alvos certos

Sucesso é aceitar o alvo de Deus para as nossas vidas e pela Sua graça nos tornarmos o que Ele nos chamou para sermos (Josué 1:7-8; 2 Pedro 1:3-10; 3 João 2).

Significação vem de um bom uso do tempo

O que se esquece com a passagem do tempo é de pouca importância. O que é lembrado para a eternidade é de grande significado (1 Coríntios 3:13; Atos 5:33-40; 1 Timóteo 4:7-8).

Realização vem do servir aos outros

A realização é descobrir como somos únicos em Cristo e usar os nossos dons e talentos para edificar outros e glorificar o Senhor (2 Timóteo 4:5; Romanos 12:1-18; Mateus 25:14-30).

Satisfação vem de viver uma vida de qualidade

A satisfação resulta em viver com justiça, procurando elevar o nível de qualidade nos nossos relacionamentos e naquilo que fazemos (Mateus 5:5; Provérbios 18:24; 2 Timóteo 4:7).

Felicidade vem de desejar o que temos

A felicidade é agradecer por aquilo que temos, em vez de nos concentrarmos naquilo que não temos, porque felizes são as pessoas que querem o que já têm! (Filipenses 4:12; 1 Tessalonicenses 5:18; 1 Timóteo 6:6-8).

Divertimento vem de desfrutar a vida momento a momento

O segredo é remover obstáculos não bíblicos, tal como a necessidade de manter as aparências (2 Samuel 6:20-23; Gálatas 1:10, 5:1; Romanos 14:22).

Segurança vem de focar nos valores eternos

Insegurança vem quando dependemos de coisas que passarão, em vez de dependermos das coisas que durarão para sempre (João 10:27-30; Romanos 8:31-39; Efésios 1:13-14).

Paz vem do acalmar a tempestade interna

A paz de Deus é interna, não externa (Jeremias 6:14; João 14: 27; Filipenses 4:6-7, Isaías 32:17).

TORNANDO-SE UM AMIGO DO MINISTÉRIO LIBERDADE EM CRISTO

Se você se entusiasma ao ver o quanto este curso pode ter impacto em sua vida, de outras pessoas e igrejas, você pode se tornar um amigo deste ministério e tornar esse impacto ainda maior.

O Ministério Liberdade em Cristo existe no mundo para ajudar cada cristão a ser um discípulo frutífero.

Existe um Manual do Líder que acompanha este Manual e onde você poderá encontrar ilustrações e os ensinos que pode ter acesso neste Manual. O Ministério Liberdade em Cristo oferece à igreja formações que visam equipar cada igreja local e cada líder a viver a liberdade e a ajudar outros a serem libertos. Seminários como: "Ajudar outros a encontrar Liberdade em Cristo", "Como começar a abordagem Liberdade em Cristo" estão disponíveis.

Se quiser conhecer mais o nosso ministério escreva para:

LIBERTAD EN CRISTO BRASIL
info@liberdadeemcristo.org
www.liberdadeemcristo.org

LIBERTAD EN CRISTO LATINOAMÉRICA
info@libertadencristo.org
www.libertadencristo.org